Anschauliches Denken
Herausgegeben von Johannes Rohbeck

THELEM

# Jahrbuch für Didaktik der Philosophie und Ethik

Herausgegeben von Johannes Rohbeck

2005

# Anschauliches Denken

Herausgegeben von Johannes Rohbeck

Redaktion: Peter-Ulrich Philipsen

THELEM

Bibliografische Information der Deutschen Bibliothek

Die Deutsche Bibliothek verzeichnet diese Publikation in der
Deutschen Nationalbibliografie; detaillierte bibliografische Daten
sind im Internet unter http://dnb.ddb.de abrufbar.

Bibliographic information published by Die Deutsche Bibliothek
Die Deutsche Bibliothek lists this publication in the Deutsche
Nationalbibliografie; detailed bibliographic data is available in the
Internet at http://dnb.ddb.de.

ISBN 3-937672-02-8

Das Umschlagbild ist
aus Fritz Kahn, *Das Leben des Menschen* (1929),
nach: Douwe Draaisma,
*Die Metaphernmaschine*,
Darmstadt 1999, 216.

© 2005 w.e.b. Universitätsverlag und Buchhandel
Eckhard Richter & Co. OHG
Bergstr. 78, 01069 Dresden
Thelem ist ein Imprint von w.e.b.
Alle Rechte vorbehalten. All rights reserved.
Satz und Layout: Peter-Ulrich Philipsen
Umschlag: w.e.b.
Printed in Germany

# Inhalt

# Einleitung

Mit diesem Band liegt das sechste *Jahrbuch für Didaktik der Philosophie und Ethik* vor. Er knüpft an das von mir herausgegebene Heft 2 (2004): »Literarisches Philosophieren« der *Zeitschrift für Didaktik der Philosophie und Ethik* an. Doch der Titel »Anschauliches Denken« setzt einen anderen Akzent. Teilweise haben dieselben Autoren neue Beiträge geschrieben, teilweise sind neue Autoren hinzugekommen, so dass daraus ein völlig verändertes Ensemble entstanden ist. Das Spektrum reicht vom Praxisbericht mit dokumentierten Schülerarbeiten über konkrete Unterrichtsprojekte bis hin zu philosophischen Analysen in didaktischer Perspektive. Es gehört ja zu den Aufgaben des *Jahrbuchs*, auch solche Überlegungen zu veröffentlichen, die fachdidaktische Grundsatzdebatten anstoßen können.

Mit dem Thema »Literarischen Philosophieren« ist nicht der Vorschlag gemeint, literarische Texte im Unterricht zu behandeln. Statt um die *Philosophie in der Literatur* geht es jetzt um die *Literatur in der Philosophie*, also um die Philosophie *als* Literatur oder um die *literarischen Formen philosophischer Texte*. Das Ziel besteht in einer spezifischen *Vermittlung* zwischen Philosophie und Literatur. Nach dieser Lesart sind die literarischen Formen der Philosophie nicht äußerlich, sondern mit deren Inhalten verbunden. Das Denken wird von der Darstellungsweise mit geprägt und verändert sich mit ihr. Ob ein Theorem in einer trockenen Abhandlung oder in einem lebendigen Dialog formuliert wird, wirkt bis in die Aussage hinein. Umgekehrt kann eine besondere Präsentationsform einer bestimmten Aussage besonders angemessen sein. Literarische Form und philosophischer Inhalt beeinflussen sich wechselseitig.

Die *literarischen Formen des Philosophierens* spielen auch in diesem Band eine Rolle. So legt Thomas Rentsch für seine sprachkritischen Analysen die *komischen Dialoge* von Karl Valentin zu Grunde. Die Dialogform ist hier das angemessene Medium, um eine ganze Palette möglicher Missverständnisse zu demonstrieren. Diese Form erleichtert es auch Schülern, die Grenzen der menschlichen Sprache in der Komik zu bemerken und philosophisch zu reflektieren. Auf diese Weise bildet das Lachen über Valentins misslungene Kommunikation den Einstieg für die Beschäftigung mit moderner Sprachphilosophie.

Helmut Engels stellt seinen Schülerinnen und Schülern die Aufgabe, *narrative Texte* zu verfassen. Wenn man philosophische Gedanken erzählt, werden diese konkreter, anschaulicher und subjektiver. Denn das Erzählen erlaubt Personifikationen, Perspektivwechsel und Identifikationen mit den handelnden Personen. Außerdem bewirkt die Fiktivität eine Offenheit für Erkenntnisse, die in rein argumentativen Diskursen gewöhnlich ausgeblendet werden. Auf diese Weise möchte Engels motivieren und die Fähigkeit fördern, philosophisch relevante Entdeckungen zu machen.

Auch der *Aphorismus* stellt eine klassische literarische Form dar, in der bestimmte philosophische Positionen zum Ausdruck kommen. Wie Rüdiger Zill vor dem Hintergrund der Philosophiegeschichte zeigt, können diese Stellungnahmen zur Systembildung variieren, vom nur Nicht-Systematischen bis zur radikalen Kritik an philosophischen und gesellschaftlichen Systemen. Die Ironie besteht darin, dass Aphorismen zwar als einzelne Textfragmente auftreten, aber ihre Bedeutung häufig erst aus dem Kontext mehrerer Aphorismen erlangen. So unterschiedlich sind auch die Möglichkeiten ihrer Lektüre im Unterricht: Man kann sie einzeln lesen und schreiben lassen wie auch als komplexes Ganzes behandeln.

Als literarisch kann man auch das *theatrale Philosophieren* bezeichnen, wie es von Christian Gefert konzipiert wird, um Bildungsprozesse in Gang zu setzen. Auch in diesem Fall verändert sich der Inhalt der philosophischen Vorlage, indem deren Gedanken von Schauspielern experimentell verkörpert und mit bildlichen Mitteln umgedeutet werden. Während in den traditionellen psychologisch-realistischen Verkörperungskonzepten vorgegebene Bedeutungen lediglich zum Ausdruck gebracht werden, favorisiert Gefert ein neues Konzept der »Verkörperung« (embodiment), in dem der Darsteller den Text nutzt, um selbst eine Bedeutung hervorzubringen. – Ebenso macht Renate Schröder-Werle auf die literarische Gestaltung von Platons *Politeia* aufmerksam: nicht nur auf die Dialoge, sondern auch auf die narrativen Einstiege. Auch sie schlägt eine *theatrale Entfaltung* vor, um den Beispielcharakter philosophischer Argumente zu verdeutlichen.

Zugleich eröffnen die Beiträge des vorliegenden Bandes eine philosophische Thematik, die noch über die literarischen Formen des Philosophierens hinausgeht. Sie wird durch den Titel »Anschauliches Denken« markiert. Damit ist die grundsätzliche Frage gemeint, wie weit philosophisches Denken auch aus nicht-sprachlichen Einsichten oder nicht-propositionalen Erkenntnissen bestehen kann.

So will Helmut Engels mit seinen Schreibaufgaben einer Gefahr begegnen, die mit rein diskursiven Texten gegeben sein kann, nämlich der Gefahr, dass die Schüler einem »Verbalismus« verfallen oder sich in ein Denken verlieren, das ohne Bezug zur konkreten, erfahrbaren Wirklichkeit ist. Diese Absicht wird von den anderen Autoren noch radikalisiert, wobei die Philosophie Platons ein gemeinsames Band bildet. Dies ist sicherlich nicht zufällig, weil Philosophie und Literatur hier noch einen konstitutiven Zusammenhang bilden, der sich für didaktische Zwecke reaktivieren lässt.

Renate Schröder-Werle versucht mit ihrem Unterrichtsvorschlag, den hinter der rationalen Seite in Platons *Politeia* sichtbaren psychisch-physischen Kraftakt des Überzeugens und Einsehens freizulegen, indem sie auf den Zeige-Charakter der Sprachhandlungen aufmerksam macht. Auch in den sokratischen Dialogen werden die Figuren mimisch, gestisch, überhaupt physisch präsentiert sowie Auftritte komödienreif inszeniert. Den Einbezug dieser anderen Seite des Philosophierens hält sie im Philosophie- und Ethikunterricht für sehr wichtig, um die auch im nicht-sprachlichen Teil des dialogischen und dramatischen Handelns angelegte Argumentation sichtbar zu machen.

Zu einer radikalen Kritik am Königsweg rationaler Versprachlichung gelangt Christian Gefert, indem er mit seinem Konzept des theatralen Philosophierens das nicht-sprachliche Erkennen zu rehabilitieren versucht. Er verweist auf neue Untersuchungen, nach denen in den platonischen Dialogen nicht das Satzwissen, sondern das Gebrauchswissen im Mittelpunkt steht. Demnach manifestiert sich der Gegensatz von Gebrauchswissen und Satzwissen auf der Ebene des Lehrens und Lernens im Unterschied von Zeigen (Exemplifikation) und Sagen (Denotation). Daraus zieht Gefert die didaktische

Konsequenz, dass auch im Philosophieunterricht nicht das Satzwissen oder das Sagen, sondern das Gebrauchswissen bzw. das Zeigen im Mittelpunkt stehen soll.

Die zentrale Stellung des Gebrauchswissens thematisiert auch Philipp Thomas in seiner systematischen Rekonstruktion der Platonischen Ideenlehre. Er geht davon aus, dass in den platonischen Schriften der philosophische Inhalt und ihre dichterische Form aufs Engste miteinander verbunden sind. Im Falle Platons heißt Verstehen, eine eigene Erfahrung zu machen und nicht einfach das Zwingende unabhängiger (etwa logischer) Geltungen anzuerkennen oder nachzuvollziehen. Dem Lernenden muss die Wahrheit gezeigt werden (und nicht nur als Formulierung angeboten werden), damit er sie selbst sehen kann. Dieser Aufgabe wird Platon nur gerecht, wenn er sich literarischer Formen des Schreibens bedient. Zu diesen Formen gehört der Dialog und besonders auch das bewusste Weglassen (bzw. der reflektierte Verzicht auf das propositionale Formulieren) dessen, was nur gezeigt, aber nicht erklärt – und was nur geschaut, aber nicht begriffen werden kann. Thomas überträgt dieses Ergebnis der Platonlektüre auf den Unterricht, indem er den Schülern Gegenstände zeigt, deren Bedeutung sie nur praktisch erfahren können. So erschließt sich die »Idee« eines Werkzeugs nicht allein durch Erklären, sondern durch den praktischen Gebrauch.

Thomas Rentsch hebt ebenso die deiktische Dimension hervor, indem er dieses Problem in den Kontext der Sprachphilosophie des zwanzigsten Jahrhunderts stellt. Im Anschluss an Autoren wie Frege und Wittgenstein und an Valentins Komik reflektiert Rentsch die Grenzen der menschlichen Sprache. Die entsprechenden Missverständnisse beziehen sich nicht nur auf Kategorien und Definitionen, sondern noch grundlegender auf den Realitätsbezug, auf den Vereinbarungscharakter, auf den Genauigkeitsgrad, auf die Situationsbezogenheit und letztlich auf den Lebensbezug der Sprache. Die problematische Bezugnahme auf die Lebenswirklichkeit verweist auf die nicht-sprachliche Zeige-Geste.

Im Anschluss an Adorno, Benjamin und Habermas thematisiert auch Rüdiger Zill das Verhältnis von Anschaulichkeit und Denken, wie es im Aphorismus zugespitzt wird. Denn der Aphorismus kann einen Gedanken zur Sprache bringen, der sich im Medium begründender Rede nicht widerspruchsfrei ausdrücken lässt. Wie bei Platon sprengt die Erkenntnis das »Gefängnis diskursiven Denkens« und geht in reine Anschauung über.

Im hier nur angedeuteten Zusammenhang ist ein Band entstanden, der von den literarischen Formen des Philosophierens ausgegangen und zum Thema eines nicht-sprachlichen Denkens gelangt ist. Diese Frage, die seit einiger Zeit in der akademischen Philosophie diskutiert wird, berührt in besonderem Maße auch den Philosophieunterricht. Bietet sie doch die didaktische Möglichkeit, jenseits mündlicher und schriftlicher Kommentare zu philosophischen Texten Stellung zu nehmen und so eigene philosophische Erkenntnisse zu erzeugen.

Den Autoren wurde die Rechtschreibung freigestellt.

Ich danke Peter-Ulrich Philipsen für die sorgfältige Redaktion der Manuskripte und für die professionelle Erstellung der Druckvorlage. Eckhard Richter sei für die verlegerische Unterstützung gedankt.

Dresden, im Februar 2005                    Johannes Rohbeck

Helmut Engels

# Narrative Kurztexte.
# Ein Kommentar zu Schülerarbeiten

Nicht nur Kinder, sondern auch Schülerinnen und Schüler der Ober-
stufe lieben es, wenn erzählt wird, und die meisten der literarischen
Texte, die sie im Fach Philosophie schreiben, sind narrative Texte.
Dies hat seinen Grund in der Eigenart des Erzählens.

Wer erzählt, muss konkret werden. Man kann zwar die abstrakten Gedanken eines Menschen, von dem man erzählt, wiedergeben,
doch muss der, der diese Gedanken hat, selbst sichtbar sein. Immer
wird einzelnes, ein »dieses da«, etwas, das man mit Namen benennen könnte, erkennbar.

Erzählt werden kann aus unterschiedlichen Perspektiven. Der
auktoriale Erzähler hat den Überblick, er weiß Bescheid und kennt
die Menschen, von denen er erzählt, und er gibt seine Gefühle und
seine Meinung zu erkennen. Wer dagegen personal erzählt, gibt die
Wahrnehmung der Innen- und Außenwelt einer einzigen Person
wieder, er nimmt die Perspektive nur dieses konkreten Menschen
ein und muss sich daher eines Kommentars enthalten. Das gilt für
das Erzählen aus der Sicht einer »dritten Person« – der also mit
einer gewissen Distanz begegnet wird –, und das gilt für die Ich-Er-
zählung, die den Charakter des Authentischen hat, obwohl primärer
und sekundärer Sprecher in literarischen Texten nicht identisch sind.

Erzählen ist also immer subjektiv in dem Sinne, dass entweder
ein Erzähler vernehmbar wird oder dass konkrete Menschen und ihr
Denken, Tun und Lassen dargestellt werden. Das hat zur Folge, dass
das Erzählen dem Hörer oder Leser – vorweg dem Schreibenden –
Identifikation ermöglicht und ihn so in die Sache involviert. Zugleich aber liegt die Subjektivität des Erzählten offen da und er-

leichtert so die Auseinandersetzung mit dem Dargestellten. Reine Sachtexte dagegen – dazu gehört auch die Mehrzahl philosophischer Texte – treten mit dem Anschein der Objektivität auf, in ihnen gibt es kein Ich, höchstens ein allgemeines »man«. Sie erschweren durch ihr autoritatives Auftreten die Auseinandersetzung.

Neben dem schon Genannten bietet das Erzählen eine Fülle von weiteren formalen Möglichkeiten, die den Anreiz zum Erzählen verstärken. Die Abfolge des Erzählten kann linear, sprunghaft und zirkulär sein, das Verhältnis von Erzählzeit und erzählter Zeit variiert zwischen Zeitdehnung und Zeitraffung, und es gibt große Unterschiede, was die Anteile von Dialog oder Beschreibung angeht.[1] Der Reichtum an Schreibmöglichkeiten erklärt allerdings noch nicht hinreichend, weshalb das Erzählen so geschätzt wird. Es gibt offensichtlich die Lust, sich etwas, das nicht anwesend ist und das es vielleicht nicht einmal gibt, in einem verbal vermittelten zeitlichen Zusammenhang konkret vorzustellen. Diese Lust ist wahrscheinlich eine anthropologische Konstante. Bei dem Vorgestellten muss es sich allerdings um menschliche Belange, um human relations, handeln.

Im Folgenden werde ich eine Reihe von narrativen Kurztexten vorstellen und kommentieren, die im Kontext des Philosophieunterrichts entstanden sind. Um einen Eindruck davon zu geben, was Schüler leisten können, werde ich auch längere Passagen wörtlich wiedergeben. Der Kommentar wird sich auf Formales beziehen, da das Erzählen weit über das oben nur Angerissene hinaus eine große Variationsbreite aufweist. Es soll auch zur Sprache kommen, was das Erzählen für den Schreibenden und für den Leser oder Hörer bringt und inwiefern es sich um Texte handelt, die einen unmittelbaren philosophischen Gehalt haben oder zu Fragen anregen, die ins Philosophische gehen. Angeschnitten werden gelegentlich auch Fragen nach den Voraussetzungen des Schreibens, nach der Einbindung in den Unterricht und nach der Bewertung der Texte. Da es oft nicht möglich ist, die Form der Texte zu benennen – es gibt nicht für alles, was es gibt, Namen –, gehe ich thematisch vor, genauer: ich zeige,

---

1  Zu den formalen Möglichkeiten des Erzählens Genaueres in: Günther Waldmann u. Katrin Bothe, *Erzählen. Eine Einführung in kreatives Schreiben und produktives Verstehen von traditionellen und modernen Erzählformen*, Stuttgart, Düsseldorf, Berlin, Leipzig 1992.

wie die Themen, die ich den Schülern als Aufgabe gegeben hatte, realisiert wurden.

## 1. Instinkt versus Bewusstsein

Das Thema, das ich zu Wahl gestellt hatte, lautete: »Sind bestimmte Instinkte beim Menschen wünschenswert?« Gedacht hatte ich an konkrete Instinkte, die das menschliche Leben leichter machen können, etwa an eine zuverlässige instinktive Tötungshemmung oder daran, dass das Kindchenschema ein echtes Instinktverhalten auslöst, also ohne Ausnahme die Bereitschaft weckt, zu schützen, zu hegen und zu pflegen. Vorausgegangen war eine Besprechung der Merkmale des Instinkts und seiner Leistungen. Eine Schülerin schrieb keinen Essay, sondern eine kleine Geschichte. Sie erzählte von dem siebenjährigen Tom, der die Fähigkeit hat, sich an ein lange zurückliegendes früheres Leben zu erinnern, und der sich darüber wundert, wie unterschiedlich sich die Menschen damals zu den heutigen verhielten. Ich gebe die wichtigsten Passagen wieder und kommentiere sie kurz. Julia F. schrieb:

> »Am besten konnte er den Unterschied immer wieder an sich selbst feststellen. So handelte er früher grundsätzlich, ohne nachzudenken. Es war eigentlich sehr praktisch, da er damals nie Kopfschmerzen gehabt hatte. So eine Krankheit kannte er zu dieser Zeit nicht bzw. gab es sie überhaupt nicht. Wenn er etwas tat, war er sich gar nicht bewusst darüber, warum er es machte, er hatte auch nicht verstanden, dass es war, der handelte, dass er ein Mensch war, und er wusste eigentlich auch nicht richtig, was er eigentlich machte. Dadurch war das Leben, wie gesagt, etwas leichter, doch eigentlich fast auch etwas gefährlicher, da er bei diesen Handlungen auch schnell in die Falle tappen konnte und darauf hin gestorben wäre. Sein bester Freund war auf diese Weise umgekommen, um den er daraufhin noch sehr lange trauerte.«

Bemerkenswert ist hier die Auffassung, dass das instinktgeleitete Leben in grauer Vorzeit ambivalent ist – leicht, aber auch gefährlich – und dass es ohne ein Bewusstsein von den Gründen und Inhalten des Tuns, ja sogar ohne ein Ich-Bewusstsein auskommt. Die Schülerin fährt fort:

> »In seinem jetzigen Leben konnte er sich plötzlich zwischen verschiedenen Handlungen entscheiden. Anfangs fiel es ihm schwer, damit umzugehen, aber nach einiger Zeit lernte er es, und es machte ihm Spaß, immer die bessere Möglichkeit auszusuchen, da man durch eine richtige Entscheidung seine Freunde nicht verletzte und sogar sein Leben rettete. Doch kam man leichter bei diesen Wahlen öfters in Grübeln, und die berüchtigten Kopfschmerzen nahten.«

Das Wort »Bewusstsein« ist bis jetzt noch nicht aufgetaucht, der Sache nach geht es jedoch durchaus um das Bewusstsein, das Entscheidungsfreiheit in einem Raum von Möglichkeiten eröffnet. Man fühlt sich an Gernot Böhme erinnert. In seiner »Anthropologie« wird vom Bewusstsein gesagt, dass es einen Verlust der Unmittelbarkeit beinhaltet und damit »eine erstaunliche, im Prinzip sogar unendliche Handlungsfreiheit oder Beliebigkeit« verleiht.[2] Julia zeigt auch hier eine Ambivalenz auf: die Last des Grübelns auf der einen Seite, die Freude an der Auswahl der besseren Möglichkeit auf der anderen. Dass es hier um Bewusstsein geht, wird in dem Folgenden explizit:

> »In seinem zweiten Leben gab es plötzlich einige Wörter, die er erst jetzt langsam zu begreifen schien, z.B. ›Bewusstsein‹, ›Verstand‹, ›Vernunft‹. [...] Er bemerkte, was er im Gegensatz zu seinem früheren Leben alles konnte. Allerdings war er sich noch nicht sicher, ob er über diese Fähigkeiten glücklich war oder nicht. Das Leben war früher einfach leichter gewesen.«

Da zum Instinkt auch die eine Instinkt*handlung* auslösenden Reize, die Schlüsselreize, gehören, schildert Julia auch die je unterschiedliche Bedeutung der Reize in den beiden Lebensweisen:

> »Vor allem fiel es ihm anfangs schwer, auf die vielen Reize zu reagieren, bis er lernte, dass er gar nicht auf jeden Reiz

---

2   Gernot Böhme, *Anthropologie in pragmatischer Hinsicht*, Frankfurt/M. 1985, 35.

reagieren durfte. In seinem ersten Leben gab es nur wenige Reize, aber er wusste auf jeden Reiz eine Antwort. Im zweiten Leben wirkten plötzlich so viele Reize auf ihn ein. Er wollte auf alle antworten, doch es war ihm unmöglich. Erst spät lernte er, sich zwischen den vielen Reizen ein paar auszusuchen, auf die er reagierte. Es machte ihm Spaß, wiederum wählen zu dürfen, doch er bemerkte, dass er dadurch viel Kraft verlor.«

Julia bringt sodann auf den Punkt, was die beiden Weisen zu leben unterscheidet:

> »Jeder Mensch war wirklich ein Individuum. Nur musste jeder wahnsinnig viel lernen, und das missfiel Tom. [...] Damals war jeder Mensch dem anderen ziemlich ähnlich. Es gab eigentlich keine Individuen.«

Trotz der Vorzüge, die die jetzige Lebensweise mit sich bringt – jeder Mensch ist eine unverwechselbare verantwortliche Person –, kann sich, wie Julia am Ende ihrer Geschichte schreibt, Tom nicht entscheiden, welche Lebensform ihm besser gefällt.

Wie ist die kleine Geschichte zu beurteilen? Zunächst das Positive. Der Einfall, die unterschiedlichen Lebensformen – hier das instinktgeleitete Tun, dort das bewusste Handeln – ein und dieselbe Person erleben zu lassen, ist bemerkenswert. Ich gebe zu: ich wäre auf diesen Gedanken nicht gekommen. Denn so bietet sich die Möglichkeit, das unterschiedliche Erleben und den ausdrücklichen Vergleich dieses Erlebens in einer einzigen Innenperspektive erfahrbar zu machen. Genauer: die Bewertung des Früheren und des Jetzigen als leicht oder schwer, angenehm oder unangenehm ist nur einer Person möglich, die beide Zustände von innen her kennt. Der Entschluss, die personale Erzählhaltung zu wählen, hat sich als zweckmäßig erwiesen, die jeweilige Ambivalenz überzeugend deutlich zu machen. Dennoch, so spürt man heraus, wird der bewussten Lebensführung trotz der notwendigen Anstrengung der Vorzug gegeben.

Nun zum – nein, nicht zum Negativen, sondern zu dem, was man noch besser machen könnte. Es ist hilfreich, im Gespräch auch die Mängel einer solchen Geschichte sichtbar zu machen. Wünschenswert wäre sicherlich gewesen, wenn konkrete Situationen ge-

schildert worden wären, in denen die Eigenarten der beiden Lebensweisen hätten sinnenfällig werden können. So hätte gezeigt werden
können, welche Überlegungen eine bestimmte Situation erfordert,
wenn eine vernünftige Entscheidung getroffen werden soll.

Nicht ganz überzeugend ist auch, was zum Umgang mit Reizen
gesagt wird. Denn ich meine, dass sich ein Kind kaum dafür ent-
scheidet, welchen Reizen es sich aussetzen will. Vielmehr findet die
Reduktion der Reizflut meist auch ohne sein Zutun statt: durch Sprache, vorgegebene Normen und Werte, durch Tabus und das Interesse
der Eltern und Erzieher. Falls man eine solche Geschichte im Unterricht vorlesen lässt, muss dies behutsam besprochen werden.

Dass Julia einen erst siebenjährigen Jungen über das Bewusstsein und seine Folgen reflektieren lässt, kann man ihr nicht vorwer-
fen, da sich Jugendliche nur schwer in Kinder hineinversetzen können (später ändert sich das). Mit einem zehnjährigen Kind wäre ich
einverstanden gewesen.

Wie steht es nun mit dem möglichen Vorwurf, dass Julia dem
Thema »Sind bestimmte Instinkte beim Menschen wünschenswert?«
ausgewichen ist und sich der grundätzlichen Frage zugewandt hat,
ob es besser ist, instinktgeleitet, automatisch und mühelos zu leben,
als ein Leben mit bewussten, aber anstrengenden Entscheidungen zu
führen?

Für das Verfassen von Hausaufgaben sollte man den Schülerinnen und Schülern einen großen Freiraum einräumen. Denn wie soll
jemand selbständig werden, der nicht auch selbst Inhaltliches und
Formales ausprobiert, für das er keine genauen Anweisungen hat.
Gewiss, Aufgaben für Klausuren und Klassenarbeiten haben zu
Recht einen verbindlichen Charakter. In den »Materialien zur Leistungsbewertung Philosophie« heißt es entsprechend: »Der Schüler
muß die Aufgaben gemäß der Aufgabenstellung erfüllen. Die Aufgabenstellung gilt als Vorgabe und Auftrag.«[3] Man muss lernen,
eine vorgegebene Aufgabe peinlich genau zu erfüllen. Mindesten so
wichtig ist es, selbst Überlegungen darüber anzustellen, welche

---

3   *Materialien zur Leistungsbewertung in den Fächern der gymnasialen Oberstu-
    fe (Bewertung von Klausuren)*, hg. v. Kultusminister des Landes Nordrhein-
    Westfalen, Köln 1985, 51.

Form das Schreibergebnis haben könnte und welchem inhaltlichen Schwerpunkt die volle Aufmerksamkeit zuteil werden soll.

Wenn es um ein vorgegebenes Thema ging, das als Hausaufgabe zu bearbeiten war, habe ich daher den Schülerinnen und Schülern die Möglichkeit eingeräumt, selbst die Form ihrer Arbeit zu bestimmen. So konnten sie entscheiden, ob sie einer strengen Sachdarstellung, dem mehr experimentellen Essay oder einer literarischen Form den Vorzug gaben. Und eine inhaltliche Verschiebung der Thematik wurde dann akzeptiert, wenn sie im Rahmen des im Unterricht Besprochenen lag und philosophisch ergiebig war. Julias kleine Geschichte erfüllte genau diese Bedingung, sie ging ins philosophisch Grundsätzliche und bot Möglichkeiten zu weiterführenden Fragen.

## 2. Aufhebung von Routinen

Im Unterschied zu Julia hat sich Corinna W. um ein Höchstmaß an Konkretheit bemüht. Das Thema legte eine solche akribische Beschreibung nahe. Es ging um die Frage, in welchem Maße wir von Gewohnheiten und automatisierten Handlungen abhängig sind, und ich hatte die Schüler (13/I) gebeten, sich beim Schreiben vorzustellen, sie würden gedankenlos oder automatisch Ablaufendes ganz bewusst tun müssen. Corinna beschreibt einen Tagesablauf, wobei sie vor allem den Tagesanfang minutiös schildert. Sie formuliert in der Ich-Form, die am stärksten zur Identifikation einlädt, und sie wählt als Tempus zu Recht das Präsens, das die Unmittelbarkeit des Erlebens stärker zum Ausdruck bringt als das Präteritum. Ich gebe einen längeren Passus wieder.

> »Der Wecker klingelt. Ich bin sofort hellwach, da mein Körper sich darüber wundert, dass um diese Uhrzeit solche Geräusche zu hören sind. Ich überlege mir, ob ich aufstehen soll und komme zu dem Schluss, dass die heutigen Schulstunden wichtig sind für die nächste Klausur und dass mich das Thema interessieren könnte. Ich knipse die Bettlampe an, indem ich hinter mich greife, nach dem Schalter fühle und auf das Ende, das herausragt, Druck ausübe. Um mich aufzurichten, muss

ich meine Bauch- und Rückenmuskeln anspannen. Nun muss
ich die Bettdecke soweit von meinen Beinen schieben, bis sie
diese nicht mehr bedeckt. Ich beuge mich noch einmal zur
Seite, indem ich meine seitlichen Bauch- und Rückenmuskeln
anspanne, um meinen Freund zu küssen, da ich ihm zeigen
möchte, dass ich ihn am heutigen Morgen immer noch liebe.
Nachdem ich mich wieder zurückgebeugt habe (natürlich wieder mittels der entsprechenden Muskeln), hake ich meine Fer-
sen an der Bettkante am Fußende ein und ziehe mich, indem
ich meine Oberschenkelmuskulatur zum Einsatz kommen lasse und mit den Armen ein wenig Schwung nehme, nach vorne. Hier angekommen, spanne ich erst meinen rechten Ober-
schenkelmuskel an und setze so meinen rechten Fuß auf den
Boden. Dasselbe folgt mit der linken Seite. Jetzt nehme ich
wieder Schwung, benutze nun Bein-, Gesäß-, Bauch- und
Nackenmuskeln und siehe da – ich stehe vor meinem Bett. Ich
muss darauf achten, meine gesamte Muskulatur kontinuierlich
weiter zu gebrauchen, um nicht umzufallen. Dabei vergesse
ich fast, was ich als nächstes tun wollte. Es fällt mir wieder
ein und ich mache Pläne für die Durchführung dieses Vorha-
bens. Da vergesse ich, meine Muskeln anzuspannen, und ich
sacke zusammen. Ich stehe wieder auf, und irgendwie gelingt
es mir, gleichzeitig auf meine Muskeln und mein Vorhaben zu
achten. Ich laufe (unter der bewussten Anwendung aller dazu
nötigen Muskelgruppen) zum Fenster, um zu schauen, wie es
heute mit der Temperatur steht. Ich drehe den Fensterriegel
nach oben (ich fasse den Hebel am äußersten Punkt an, da er
sich so am leichtesten bewegen lässt). Nun kniee ich mich auf
das davor stehende Sofa, beuge mich nach vorne, stütze mich
gleichzeitig am Fensterbrett ab und drücke dann gegen den
unteren Fensterteil, während ich am oberen ziehe. Ich halte
meinen rechten Arm nach draußen. Es ist kühl. Ich möchte
das Fenster wieder schließen. Ich drücke nun gegen den oberen Fensterteil und ziehe am unteren, bis das gesamte Fenster
wieder eingerastet ist. Ich packe den Hebel wieder am äußersten Ende an und drehe ihn zur Seite. Hiernach lehne ich mich
mit meinem Oberkörper wieder nach hinten, stelle erst den
rechten, dann den linken Fuß auf den Boden und drücke mei-

ne Knie vom Rand des Sofas weg. Ich habe vor, mich um zirka 90° nach rechts zu drehen, um mich auf meinen Schrank zu bewegen zu können. Hierzu setze ich zuerst den rechten Fuß ein Stück nach hinten und verdrehe ihn seitlich. Darauf setze ich den linken Fuß parallel dazu. Dabei drehe ich meine Hüfte so mit, dass ich wieder gerade stehe. Da ich mich noch nicht ganz so weit herumgedreht habe, wie ich es eigentlich vorhatte, muss ich die ganze Prozedur noch einmal erledigen. Jetzt kann ich also losgehen, immer abwechselnd auf den Schrank (um diesen anzupeilen) und auf den Boden (um nicht zu stolpern) sehend. Kurz vor dem Schrank bleibe ich stehen. Ich hebe meinen linken Arm und schiebe die Schranktür nach links auf. Ich hole einen warmen Pullover aus dem Fach. Ich drehe mich auf die gleiche Weise wie eben wieder um (diesmal nach links) und steuere die Tür an. Während ich mich darauf zu bewege, bücke ich mich hin und wieder, um noch weitere Kleidungsstücke für den Tag aufzusammeln. Alle dieser Stücke lege ich heute einmal über meinen rechten Arm, da ich, an der Tür angekommen, mit links die Klinke hinunterdrücken will. So brauche ich nämlich nicht, wie sonst, einen Schritt rückwärts zu machen, weil ich der Tür im Wege stehe. Ich schließe die Tür wieder, drehe mich nach links und steige die Treppe hinunter. Auf der unteren Etage angekommen, drehe ich mich nach rechts, gehe genau vier Schritte geradeaus, drehe mich nach links und laufe bis zur Badezimmertür. Ich öffne sie, schalte das Licht ein, betrete das Bad und schließe die Tür wieder. Ich lasse meine Kleidung einfach fallen, stöpsel das Radio ein und gehe zum Waschbecken. Dort nehme ich die elektrische Zahnbürste aus dem Schrank, stecke sie mir in den Mund und betätige den Stromschalter.«

Dies ist kein summarischer Bericht, sondern eine dem Zeitkontinuum folgende minutiöse Beschreibung des Geschehens. Sie erinnert in ihrer Genauigkeit etwa an den Nouveau Roman eines Robbe-Grillet. Bei allem spürbaren Realismus handelt es sich um eine Fiktion, die nur unter Aufbietung einer großen Imaginationsleistung möglich ist. Denn die Schülerin muss sich – allerdings ihr übliches Tun erinnernd – vorstellen, was wäre, wenn die irreale Bedingung gegeben wäre, sich nicht nur des unbewusst Verlaufenden bewusst zu werden, sondern das gewöhnlich automatisch Geschehende nach eigenem Entschluss in Gang zu setzen. Daher gibt es auch Handlungen, die nicht dem Gewohnten entsprechen. So verabschiedet sich die Ich-Erzählerin morgens von der Familie mit den Worten: »Ich wünsche euch, dass es euch gut geht, bis wir uns wiedersehen. Wenn mir nichts zustößt, werde ich gegen Mittag wieder zu Hause sein.« Wie aus einer Anmerkung hervorgeht, wird dem Mädchen bewusst, dass ein bloßes »Bis heute nachmittag« die Möglichkeit verdrängt, dass man sich z.B. durch einen Unfall nicht wiedersieht.

Hätte Corinna den gesamten Tagesablauf mit der zu Beginn der Geschichte vollzogenen Genauigkeit geschildert, wäre daraus ein Buch geworden. Daher schildert sie das folgende Geschehen mehr und mehr zusammenfassend, ohne dass das Beklemmende, das eine solche Schilderung hat, verschwinden würde.

Eine Passage möchte ich noch wiedergeben, da sie vom Negativen her sehr schön den hemmenden Charakter der Automatisierung, aber auch ihre Notwendigkeit erkennen lässt.

>»Ich schließe die Tür auf, entledige mich meiner Tasche und meiner Jacke und setze mich ans Klavier. Ich nehme mir ein Notenheft und stelle es auf den Ständer. Da ich ein ganz bestimmtes Stück zu üben habe, schlage ich die entsprechende Seite auf. Ich sehe sie mir an und überlege, ob ich so die optimale Sitzposition eingenommen habe. Ich drehe also meinen Klavierhocker etwas niedriger, was sehr schwierig ist, da dieser schon sehr lange auf die selbe Höhe eingestellt war, und merke, dass ich die Noten besser lesen kann und dass ich so mehr Gefühl für die Tasten habe. Bevor ich zu spielen anfangen kann, muss ich mir erst alle Noten durchlesen, dann die entsprechende Taste suchen und diese dann noch mit dem strategisch besten Finger hinunter drücken. Vorher muss ich mir jedoch genau überlegen, wieviel Kraft ich dazu benötige, um auch in der richtigen Lautstärke zu spielen. Das Spielen (was in der neuen Sitzposition zuerst ungewohnt ist) ist eher langweilig, da man erstens die Melodie wegen der langen Pausen zwischen den einzelnen Töne nicht erkennen kann, und da ich zweitens diesen Tönen gar nicht richtig zuhören

kann, weil ich so sehr mit dem Spielen selber beschäftigt bin.«

Corinna, die im Übrigen eine vorzügliche Klavierspielerin ist, weiß, was sie der Routine des Fingerspiels zu verdanken hat. Ohne eine lange dauernde Einübung, die schließlich wie von selbst geschehen lässt, was sich jemand vorgenommen hat, wäre es unmöglich, vom Blatt zu spielen, ja überhaupt zu musizieren.

Hat das, was Corinna geschrieben hat, eine philosophische Relevanz? Ich denke, ja. Denn im Anschluss an die Lektüre dieses Textes sind folgende Fragen sinnvoll: Wie weit reicht eigentlich die Leistung unseres Bewusstseins, auf das wir so stolz sind? Was alles leistet für uns das Unbewusste, ohne das wir nicht lebensfähig wären? Tragen Routinen, die uns das Leben erleichtern, auch Gefahren in sich, wenn ja, welche? Wann ist es notwendig, innezuhalten und eine Distanz zu Gewohnheiten zu gewinnen? Und so weiter.

Wenn literarische Texte, die sich durch Anschaulichkeit auszeichnen, einen philosophischen Gehalt haben sollen, ist es unumgänglich, dass die Schreibenden bei den Vorüberlegungen und während der Ausführung zwischen dem Allgemeinen und dem Konkreten sozusagen hin- und hergehen. Dass Corinna genau dies getan hat, geht aus den vielen – von mir nicht verlangten, ja nicht einmal angeregten – Anmerkungen hervor, die sie handschriftlich an den Rand ihres mit dem Computer erstellten Textes geschrieben hat. Ich möchte nur drei Randbemerkungen wiedergeben:

> »Es gibt Gewohnheiten, die wir schon seit unserer späten Kindheit innehaben, wie z.B. das Ausführen bestimmter Bewegungen. Diese Gewohnheiten sind nötig, damit wir uns nicht nur auf untergeordnete Tätigkeiten (wie eben beispielsweise Bewegungen) konzentrieren müssen (wozu wir ja als Kleinkind vorrangig gezwungen waren).« Und: »Routinen sind meist eine Entlastung.« Und die Gegenseite: »Das Brechen von Gewohnheiten bringt oftmals Fortschritt.«

Corinna hat den Text offenbar nicht einfach heruntergeschrieben, sondern es war ihr bewusst, worauf es ihr bei der Auswahl der Geschehnisse ankam. Literarisch schreiben heißt nicht, unreflektiert zu schreiben. Es mag sein, dass jemand wie in Trance einen gehaltvollen Text verfasst. Normalerweise sind gründliche Vorüberlegungen jedoch unerlässlich. Wollte man den Text von Corinna terminologisch einordnen, so böte sich am ehesten der Begriff »narratives Gedankenexperiment« an. Denn er könnte ohne weiteres mit der Formulierung: »Nehmen wir einmal an, …« eingeleitet werden.

Eine andere Schülerin, Mara S., die dasselbe Thema für ihre Hausaufgabe gewählt hat, betont mehr die komische Seite dieses Gedankenexperiments. Sie erzählt von einem Mann, der wegen einer mysteriösen Krankheit ein noch unerprobtes Medikament bekommt, dessen Nebenwirkung die oben genannte Aufhebung der Automatisierung elementarer Bewegungsabläufe ist. Dass auch Schülerinnen nicht davor scheuen, drastisch zu formulieren, geht aus der folgenden Passage hervor:

> »Der allmorgendliche Gang zur Toilette stellt ihn vor das nächste Problem: Gehen. Es ist nicht so einfach, einen Fuß vor den anderen zu setzen und dabei auch noch daran zu denken, die Arme zum Stabilisieren gegengleich mitzuschwingen. Mit ziemlich unsicheren Schritten, immer auf das Gleichgewicht bedacht, tappt Herr A. zum Bad, tritt ein und steht genau vor dem Klo. Er berechnet, wie er seine nächsten Schritte setzen muss, um eine saubere180°-Drehung zu schaffen. Nach den vorhergegangenen Enttäuschungen ist Herr A. überrascht, dass ihm die Drehung relativ gut gelingt. Er überprüft jetzt den Abstand zum Toilettensitz und will sich schon mit Hilfe einer bestimmten Bewegung setzen, als ihm seine Pyjamahose einfällt. Schnell führt er seine beiden Hände an deren Bündchen, greift zu und drückt die Hose mit ausgestreckten Armen nach unten, indem er gleichzeitig seine Beine beugt und den Oberkörper nach vorne neigt. Er kommt ins Trudeln und droht nach vorne zu kippen. Die Lösung der Notsituation liegt nahe, er breitet seine Arme aus und schwingt sie waagerecht zur Seite. So hängt er nun in perfekter Balance über der Toilette und stellt die Überlegung an, was er jetzt tun müsse, um sich zu setzen. Er entspannt also seine Beinmuskeln und fällt so die wenigen Zentimeter bis zur Klobrille, bis er auf dieser (etwas unsanft, aber doch sicher) zu sitzen kommt. Endlich … Doch nichts passiert. Oh! Erst muss er seinen Schließmuskel

öffnen, was er tut und erleichtert sein Geschäft verrichtet. Als
er fertig ist, greift er nach der Klopapierrolle, die neben der
Toilette hängt, und reißt vier Blatt ab. Mit diesen reinigt er
sich und lässt das benutzt Papier in die Kloschüssel fallen,
was ihm alles in allem etwas Probleme bereitet. Dann dreht er
seinen Oberkörper, hebt den Arm, um an die Taste des Spül-
kastens zu reichen, und betätigt die Spülung. Jetzt will er sich,
genau wie vom Bett, vom Klo erheben, aber wieder muss er
Schritt für Schritt vorgehen: Oberkörper nach vorne, Beine
durchstrecken und gleichzeitig den Rücken aufrichten. Er
steht ein wenig wackelig, ist aber ganz zufrieden mit seiner
Leistung. Doch jetzt bemerkt er, dass ihm seine Hose noch auf
den Knöcheln hängt. Vorsichtig beugt er den Rücken noch
einmal, bis er mit ausgestreckten Armen den Saum der erreicht, diesen ergreift und beim Aufrichten des Rückens mit
nach oben zieht.«

Eine solche Beschreibung löst beim Vorlesen Heiterkeit bei den Zu-
hörern aus. Das ist zu akzeptieren, denn wer sagt, dass im Philosophieunterricht nicht auch gelacht werden darf? Man versteht auch,
dass Mara nicht in der Ich-Form erzählt hat, sondern die personale
Perspektive der dritten Person – mit leicht auktorialer Tendenz –
gewählt hat. Sie ermöglicht eine eher distanzierte Darstellung. Bei
aller Komik der Situation lässt die Geschichte den Hörer oder Leser
auch nachdenklich werden. Denn es gibt Krankheiten, deren Folgen
den in der Geschichte beschriebenen ähnlich sind. Oliver Sacks berichtet beispielsweise davon, dass eine Frau, der ihr Körpergefühl –
die Propriozeption – abhanden gekommen war, ihre Glieder *sehen*
musste, um ihre Bewegungen zu koordinieren. Sich klar zu machen,
was wäre, wenn wir alles nur ganz bewusst durchführen könnten,
kann Staunen über das allzu Selbstverständliche unserers alltäglichen Tuns erzeugen und Dankbarkeit dafür, dass wir, wenn wir ge-
sund sind, vieles mühelos beherrschen, was bei Licht besehen höchst
komplex ist. Oliver Sacks schreibt: »Was ist für uns von elementare-
rer Bedeutung als die Steuerung, der Besitz und die Handhabung unseres physischen Selbst? Und doch geschieht dies so automatisch
und selbstverständlich, daß wir nie einen Gedanken darauf ver-

schwenden.«[4] Zur Philosophie gehört auch die Bereitschaft, sich das scheinbar Selbstverständliche bewusst zu machen und staunend zu erleben.

## 3. Ein Leben ohne Sinn

Zum Ethikunterricht gehört nicht nur, über Moral zu reflektieren, sondern auch über die Frage, wie ein gutes Leben aussehen könnte. In diesem Zusammenhang gab ich einer 12/I die Hausaufgabe, über einen Aphorismus von Lec schriftlich nachzudenken. Er lautet: »Sein Tod ist kein Beweis dafür, dass er gelebt hat.«[5] Die Paradoxie dieser Formulierung rief zunächst die gewünschte Irritation hervor. Die Auflösung des scheinbaren Widerspruchs war dann aber leicht. Man musste sich nur vergegenwärtigen, dass »leben« nicht nur biologisch zu verstehen ist, sondern auch einen tieferen Gehalt hat, der sich zeigt, wenn man an Redensarten wie »Das ist doch kein Leben!« oder »Get a life!« denkt. Es ist möglich, über den Aphorismus einen Essay zu schreiben, der untersucht, was allgemein ein gutes Leben ausmacht und was ein bejahenswertes Leben verhindert. Die Schüler, die das Thema wählten, entschieden sich jedoch für die Möglichkeit, in Form eines literarischen Textes das Porträt oder die Biographie eines Menschen darzustellen. Am konkreten Fall sollte deutlich werden, was es bedeutet, das Leben zu verfehlen.

Eine Schülerin gab ihrem Text die Überschrift »Ein sinnloses Leben«. Sie schrieb:

> »Es spielt keine Rolle, ob ich eine Stunde, einen Tag, eine Woche oder ein Jahr im Leben dieses Menschen beschreibe, es wäre doch immer das gleiche, es verändert sich nichts.
> Er wohnt – denn ›lebt‹ kann ich das kaum nennen – mit seiner Ehefrau und seinen zwei Stiefkindern zusammen in einer klei-

---

4   Oliver Sacks, *Der Mann, der seine Frau mit einem Hut verwechselte*, Reinbek 1990, 70.

5   Stanislaw Jerzy Lec, *Das große Buch der unfrisierten Gedanken*, München 1971, 184. – Hier lautet der Aphorismus: »Daß er starb, ist noch kein Beweis dafür, daß er gelebt hat.« Die oben zitierte, griffigere Übersetzung aus dem Polnischen verdanke ich Peter Krupka..

nen Wohnung. Diese drei Personen sind seine einzigen Kon-
taktpersonen. Er hat keine eigene Familie, keine Freunde, keinen Bekannten und nicht einmal Arbeitskollegen, denn er ist
arbeitslos.

Er lebt ohne zu lieben und ohne geliebt zu werden. Aus Unsi-
cherheit, aus Angst, aus Auswegslosigkeit, aus Flucht, vielleicht auch, weil er es selbst nicht anders erfahren hat, schlug
er die Kinder, insbesondere den Sohn. Ohne erkennbaren Anlass beschimpfte und drohte er den Kindern unentwegt. Er
suchte förmlich nach Kleinigkeiten, um sie wieder runterzu-
machen. In gewisser Weise schaffte er es auch, aber im Grunde ist er derjenige, der schon ganz tief unten ist. Seine wirklichen Gefühle zeigten sich manchmal in Streitsituationen zwischen ihm und seiner Ehefrau, wenn er rief ›für euch bin ich
doch nur der Arsch!‹, ›ihr habt mich doch schon immer wie
Dreck behandelt!‹. Doch dies bildet er sich nur ein: die Frau
hat ihn geliebt und für ihn den Vater der Kinder verlassen,
und die Kinder hätten wahrscheinlich ›lernen können‹, ihn zu
lieben, doch es gab nicht die Chance.

Er wünscht sich, geliebt zu werden, einen Platz zu finden,
einen Halt zu spüren, doch es scheint, als könne er andererseits damit nicht umgehen. Er scheint sich selbst nicht zu mögen, scheint Liebe nicht annehmen zu können, obwohl er sich
so sehr nach Liebe sehnt. [...]

Abends gehen die Kinder und ab und zu die Frau mit Freun-
den weg, er bleibt allein zurück. Er wollte nie mit der Frau
ausgehen, ob in ein Café, eine Kneipe oder mal ins Theater, er
will nie fort. Sein einziges Hobby ist das Angeln und selten
auch das Pilzesammeln – natürlich allein. Er scheint selbst
nicht zu leben, sondern nur zuzuschauen, wie es andere tun.
Es schmerzt, einen so einsamen Menschen zu erleben. Versuche, ihm das Gefühl des Ungeliebtseins und der Einsamkeit zu
nehmen, sind vergeblich. Er müsste lernen, sich selbst anzu-
nehmen und die Gründe für seine Probleme zu finden, doch er
will sich nicht helfen und sich nicht helfen lassen. [...]«

In diesem Porträt eines unglücklichen Menschen zeigt die Schülerin
durch Beschreibung des Gegenteils mit aller Deutlichkeit, worauf es

nach ihrer Meinung bei einem guten Leben ankommt. Wichtig ist ihr
Arbeit als berufliche Tätigkeit, die Fähigkeit, zu lieben und zuzulas-
sen, geliebt zu werden, Selbstachtung und Selbstliebe, Kontakt mit
anderen Menschen und die Bereitschaft, sich anderen zu öffnen,
Entwicklung und Veränderung sowie Aktivität, statt nur dem Leben
anderer zuzuschauen. Das Porträt ist eindrucksvoll, der Unglückli-
che ist wirklich bedauernswert. Dass ein solches Leben kein sinnvolles Leben sein kann, ist unmittelbar einleuchtend. Unter die Arbeit schrieb ich: »Eine packende Charakteristik! Allerdings: ist sie
realistisch?« Mir kam trotz des erkennbaren Realismus das Ganze
doch arg übertrieben vor. Im Gespräch mit der Schülerin ergab sich
aber, dass es sich gar nicht um eine Fiktion handelte, sondern um die
Schilderung ihrer eigenen Lebensverhältnisse. Ich hatte keine Ahnung, dass solche Verhältnisse möglich waren. Es ist häufiger vor-
gekommen, dass Schüler in ihren schriftlichen Hausaufgaben Dinge
formuliert haben, die sehr persönlich waren und Gespräche notwendig machten. Die Schriftlichkeit der Aufgaben erleichterte ihnen offenbar, mitzuteilen, was sie von sich aus nie »mündlich« geäußert
hätten. Das Mädchen, das über ihren Stiefvater geschrieben hatte,
erschien mir mit einem Mal in einem anderen Licht, ich konnte ihr
Denken und ihr Verhalten besser verstehen, als es mir vorher möglich gewesen wäre.

In ironischer Distanz schildert eine andere Schülerin – Susanne
B. – die von ihr abgelehnte Lebensweise. Dazu wählte sie die Form
einer fiktiven Kurzbiographie. Zu Beginn schreibt sie:

> »Man stelle sich einen Mann vor, er ist irgendwie alt gewor-
> den, ohne Erfahrungen zu sammeln und erst recht ohne etwas
> von der ›Weisheit des Alters‹ abbekommen zu haben.«

Der Leser wird aufgefordert, sich das Erzählte lediglich vorzustellen. Einen Anspruch auf Realismus gibt es nicht, es handelt sich
ausdrücklich um eine Fiktion. In einem Rückblick wird nun knapp
das ereignislose Leben dieses Menschen beschrieben. Es gelingt ihm
in durchschnittlicher Weise zu erreichen, was er sich vorgenommen
hat. Seine größte Wildheit als Student besteht in der heimlichen Bewunderung eines »Schmisses«. Er lebt abstinent, denn er ist nicht
fähig zu genießen. Das einzige, was ihn auszeichnet, ist eine »ge-

wisse Rücksichtslosigkeit gegenüber seiner Frau«. Am Ende heißt es
dann:

> »Sonst war sein Leben von tadelloser Bequemlichkeit geprägt.
> Er hat nichts in Frage gestellt, weder sich noch sein Leben
> noch sonst etwas, und er war nicht glücklich. Erst versank er
> im grauen Sumpf der Alltagsträgheit, und jetzt versinkt er in
> brauner, im Gegensatz zu ihm lebendiger Erde. Er ruhe in
> Frieden, wie früher auch, und verschwinde aus der Erinne-
> rung. AMEN.«

Die Fiktivität der Biographie, die Überzeichnung und der ironische
Ton machen den Text zu einer eher leichten Kost, er hat nicht die
Wucht des vorigen Arbeit, er lässt sich leicht konsumieren. Dennoch
ist das Anliegen von Susanne offenkundig: Der Abscheu vor einem
Leben ohne Genuss, ohne Überwindung der Trägheit, ohne Rück-
sicht und ohne die philosophische Tugend, nichts unbefragt zu lassen, ist in jeder Zeile spürbar. Zu sprechen wäre natürlich darüber,
ob das In-Frage-Stellen von allem und jedem wirklich zu einem ge-
lingenden Leben gehört oder ob es nicht Dinge geben könnte, die
man besser fraglos akzeptiert. (Ich meine zwar, dass es keine Grenze
des Fragens geben sollte, doch sollten auch die Kosten des unbe-
grenzten Fragens bewusst sein.) Zu fragen wäre auch, von welcher
Art der Genuss ist, der dazu beiträgt, dass das Leben wirklich ein
Leben ist. Geht es um geistigen oder ästhetischen Genuss, um den
Genuss des Gourmets oder den des Gourmands?

## 4. Geschichten zur Perspektivität

In einem Kurs zur Erkenntnistheorie sprachen wir über die Relativität der Wahrnehmung. Das, was wahrgenommen wird, seine Deutung und seine Bewertung ist von zahlreichen unterschiedlichen
Faktoren abhängig. Hierzu zählen Erlebnisse und Erfahrungen, Interessen, Kenntnisse, berufliche Tätigkeit, gesellschaftlich anerkann-
te Werte, Sprache, Kultur, Religion, aber auch Geschlecht und Kör-
perlichkeit. Sich solcher Faktoren bewusst zu sein, ist nicht nur von
theoretischer, sondern auch von praktischer Bedeutung, da es hilft,
andere besser zu verstehen und mit ihnen angemessen umzugehen.

Die Fähigkeit, die Perspektive anderer einzunehmen, hat unbestreitbar eine ethische Bedeutung.

Zur Stärkung des Bewusstseins, wie relativ unser Weltverhältnis ist, und als Einübung in die Fähigkeit, Perspektiven anderer einzunehmen, gab ich als schriftliche Aufgabe das als Arbeitstitel zu verstehen Thema: »Zwei Personen – dieselbe Sache«. Der Kurs wusste, was gemeint war, denn wir hatten zuvor Lars Gustafssons kleinen Text »Die Pilzsucherinnen« gelesen, in dem geschildert wird, wie drei recht unterschiedliche Frauen sozusagen aus einem Wald drei Wälder machen.[6] Die nach einigen Wochen abgegebenen Texte bewiesen, dass die Jungen und Mädchen verstanden hatten, worum es ging. Es zeigte sich: Die Erlebnisse eines Rollstuhlfahrers in einem vorweihnachtlichen Kaufhaus sind andere als die eines rücksichtslos-selbstbewussten Yuppies, und wenn eine Floristin, die einen großen Jagdhund besitzt, über einen Waldweg geht, wird sie anderes wahrnehmen als ein Schreiner mit einer Leidenschaft für Schnitzarbeiten, der denselben Weg geht.

Besonders beeindruckt hat mich die Arbeit eines eher naturwissenschaftlich interessierten Schülers, dem ich weder die hier erforderliche Phantasie noch die notwendige Sensibilität zugetraut hätte (schriftliche Arbeiten korrigieren oft unsere äußeren Eindrücke). Unter dem lapidaren Titel »Perspektivität« schrieb Peter M. zwei komplementäre Kurztexte. Möglich wäre auch der Titel »Nächtlicher Gang durch einen Park«.

Im ersten Text wird zunächst die erste Hauptperson vorgestellt:

> »Frank ist ein junger Student. Ein Blick genügt, um zu sagen, dass er sehr sportlich ist: breite Schultern, schmale Hüften, eine durchtrainierte Figur.«

Dann erzählt Peter von diesem Studenten, er wählt dazu die übliche Erzählzeit, das Präteritum. Frank kann nicht schlafen und macht daher einen nächtlichen Spaziergang, der schließlich durch eine Art Park führt. Er genießt die beruhigende Atmosphäre, er hat das Gefühl, in einer anderen Welt zu sein. Die Schatten von Bäumen und Büschen faszinieren ihn. Er hört den Schrei eines Vogels, kann aber nicht erkennen, von wem er stammt. Am wolkenlosen Himmel ent-

---

6   Lars Gustafsson, *Eine Liebe zur Sache*, München 1983, 16.

deckt der junge Mann Perseus, Kassiopeia, Pegasus und die Pleja-
den, und er denkt an das für ihn schönste Sternbild, den Orion, der
nur im Winter zu sehen ist. Weitergehend nähert er sich einer Kneipe. Er fragt sich, ob dort immer noch welche »rumhingen«. Dann
heißt es:

> »Und tatsächlich: davor standen immer noch Leute. Ohne sich
> über die Typen weitere Gedanken zu machen, wollte Frank
> einfach vorbeigehen, aber einer von denen bemerkte ihn und
> rief: ›Hey du, warte mal!‹ Frank blieb stehen, neugierig, was
> der Typ von ihm wollte. Einer von den Männern kam langsam
> auf ihn zu, man sah, dass das Gehen ihm nicht gerade leicht
> fiel. ›Was haben wir heute viel getrunken‹, sagte Frank und
> lächelte nur. Der Mann schien seine Worte gar nicht wahrzu-
> nehmen und fragte: ›Hast du vielleicht eine Zigarette?‹ Frank
> gab ihm eine und gab ihm auch Feuer. Er sah eine Weile zu,
> wie der Mann zu den anderen zurücktorkelte. Er grinste,
> schüttelte den Kopf und dachte: ›Nein, ist der knülle!‹ Frank
> wollte gerade weitergehen, als er eine Frau bemerkte. Sie kam
> aus der entgegengesetzten Richtung wie er. Er konnte ihr Ge-
> sicht wegen der Dunkelheit nicht erkennen, aber er hatte den
> Eindruck, als würde sie einen Bogen um sie machen. Er sagte
> ganz freundlich: ›Hallo!‹ Darauf fing die Frau an zu laufen.
> Überrascht schaute er ihr kurz nach. Die anderen hatten sie
> nicht einmal bemerkt. Frank ging weiter seinen Weg. ›Was
> habe ich denn gemacht?‹, fragte er sich. ›Sie schien Angst zu
> haben, wieso? Ich habe doch nur hallo gesagt.‹ Frank verstand
> die Reaktion der Frau irgendwie nicht, er ging weiter und ver-
> gaß bald diese Begegnung.«

Soweit das Erleben des jungen Mannes. Der unmittelbar anschließende Text erzählt von einem achtzehnjährigen Mädchen.
Steffi hat sich nach einer Fête notgedrungen entschlossen, zu Fuß
nach Hause zu gehen. Der Straße führt durch einen Park, Steffi hat
keine andere Wahl. Sie spricht sich selbst Mut zu, alles kommt ihr
jedoch unheimlich vor. Die Zweige der alten Bäume scheinen nach
ihr zu greifen, das Rauschen der Blätter klingt, als wolle sich jemand
anschleichen. Ein lautes Geräusch, das ihr wie ein Schrei vorkommt,
erschreckt sie. Sie läuft nun, bis ihr die Luft wegbleibt, und ver-

flucht sich für ihre Entscheidung, durch den Park zu gehen. Nun wörtlich:

> »Jetzt näherte sich Steffi der Kneipe. Mit der Hoffnung, dass keiner mehr da war, ging sie jetzt viel langsamer auf sie zu. Als sie näher kam, sah sie Lichter und einige Männer. Unentschlossen blieb sie stehen. Hundert Gedanken schossen ihr gleichzeitig durch den Kopf. Was sollte sie jetzt tun? Wenn sie doch irgendetwas dabei hätte, womit sie sich im Notfall verteidigen könnte, Tränengas oder sowas in der Art, aber sie hatte nichts. Sie schaute noch einmal hin, nur Männer standen auf dem Weg und unterhielten sich. Sie beschloss, einen Bogen um sie machen. ›Vielleicht bemerkten sie mich nicht‹, hoffte Steffi. Sie tat es und ließ dabei die Männer nicht aus den Augen. ›Die sind ja ganz gut betrunken‹, stellte sie fest. Gerade als sie geglaubt hatte, man würde sie nicht bemerken, dreht sich einer um und schien auf sie zuzukommen. Steffi erschrak, der Mann hatte irgendetwas zu ihr gesagt. Sie wusste nicht einmal, was er genau gesagt hatte, aber sie empfand es als bedrohlich. Der Klang dieser Stimme versetzte sie in Panik. Ohne sich umzudrehen, fing sie an zu laufen.«

Zu Hause angekommen, nimmt sich das Mädchen vor, nie mehr im Leben eine solche Dummheit zu begehen.

Schön finde ich, dass sich die beiden Hauptpersonen kurz begegnen. Wie die Begegnung wird auch das ganze nächtliche Erleben ganz unterschiedlich erfahren. Während der Student sich der Wirklichkeit mit allen Sinnen geradezu lustvoll öffnet, schreckt das Mädchen zurück und flieht vor ihr.

Man hat an keiner Stelle des zweiten Teils der Geschichte den Eindruck, dass sich der Verfasser über das Mädchen mokiert. Er hat sich vielmehr ernsthaft darüber Gedanken gemacht, wie eine Achtzehnjährige einen solchen nächtlichen Weg erleben kann. Das Gespräch im Kurs zeigte dann auch, dass die Mädchen Gedanken und Empfindungen von Steffi gut nachvollziehen konnten. Frauen sind, das machten sie den Jungen klar, gefährdeter als Männer, nicht umsonst gab es Frauenparkplätze, und ein Junge war wohl nicht in der Gefahr, vor einer Kneipe angepöbelt zu werden. Sie fragten allerdings die Jungen, ob sie wirklich so ohne jede Angst allein durch einen nächtlichen Park und an einer verrufenen Kneipe vorbeigehen könnten. Es gab einige, die zugaben, so cool wie Frank wären sie wahrscheinlich nicht in einer solchen Situation. Die Diskussion zeigte zweierlei: Trotz deutlicher Unterschiede in der Wahrnehmung der Wirklichkeit ist es falsch, der einzelnen Person schematisch eine männliche bzw. eine weibliche Sicht zuzusprechen; denn es gibt fließende Übergänge. Und: Einfühlung allein reicht nicht, um eine andere Sehweise zu erfassen, man muss auch einiges *wissen*. Frauen sind objektiv in einer anderen Lage als Männer und nehmen die Umgebung daher anders wahr und deuten sie auch anders.[7]

## 5. Konkretisierung von Abstraktem

Insofern Philosophie auf das Allgemeine und Grundsätzliche zielt, sind philosophische Texte oft in einer für Schüler als unzumutbar empfundenen Weise abstrakt. Das unter das Abstrakte zu subsumierende Konkrete muss im Unterricht nachgeliefert werden. Eine Möglichkeit dazu, das allgemein Formulierte durch Anschauliches zu ergänzen, sind literarische Texte, die von den Schülern verfasst werden. Wie ist das zu verstehen? Bei der Lektüre der *Grundlegung zur Metaphysik der Sitten* stößt man auf die Stelle, in der Kant behauptet, dass bestimmte Eigenschaften, auch wenn sie auf den ersten Blick als wertvoll erscheinen, in ihrem Wert abhängig sind von den Grundsätzen des Willens. Kant spricht davon, dass das kalte Blut eines Bösewichts »ihn nicht allein weit gefährlicher, sondern auch unmittelbar in unseren Augen noch verabscheuungswürdiger [macht], als er ohne dieses dafür würde gehalten werden«.[8] Hier

---

7    Über die Bedeutung des Perspektivwechsels vgl. Helmut Engels, »In einem anderen Licht. Über die Brauchbarkeit literarischer Texte für die Behandlung von Fragen zur praktischen Erkenntnistheorie«, in: *Philosophie. Beiträge zur Unterrichtspraxis*, Heft 33 (1996), 3 ff. – Ders., »Seifenblasen und Realitätstunnel. Zur Einübung in den Perspektivwechsel«, in: *Zeitschrift für Didaktik der Philosophie und Ethik* 21, Heft 3 (1999), 203 ff. – Ein bedenkenswertes Konzept der Multiperspektivität entwickelt Gabriele Münnix in ihrem Buch *Zum Ethos der Pluralität. Postmoderne und Multiperspektivität als Programm*, Münster 2004.

8    Immanuel Kant, *Grundlegung zur Metaphysik der Sitten*, BA 2 f.

könnte man doch das Porträt eines Menschen schildern lassen, der gerade durch die zuvor von Kant erwähnten Eigenschaften »Mäßigung in Affekten und Leidenschaften, Selbstbeherrschung und nüchterne Überlegung« in seinem verbrecherischen Tun besonders verabscheuungswürdig erscheint. Es kann in diesem Porträt überzeugend klar werden, was Kant meint. Es wäre allerdings nicht übel, wenn beim Schreiben des Porträts dem Verfasser aufgeht, dass die genannten Eigenschaften diesen Menschen nicht zum Widerling machen, sondern sogar Bewunderung hervorrufen. Die Veranschaulichung wäre dann zwar missglückt, dafür wäre aber ein Argument gewonnen, das eine genauere Auseinandersetzung mit Kant nötig macht. – Doch nun zu einem – von Kant unabhängigen – konkreten Beispiel.

Ich gebe zunächst den Inhalt der Arbeit einer Schülerin wieder. Den Titel nenne ich später.

»Herr Mayer ist ein waschechter Neubrunner. Hier ist er nämlich geboren und hat bis jetzt sein ganzes Leben hier gewohnt. Wegziehen? Nein, das kommt für Herrn Mayer nicht in Frage. Hier hat sein Vater gelebt, davor sein Großvater usw. Seit fünf Generationen leben die Mayers schon in dem hübschen Städtchen Neubrunn am Kieselbach. Und so ist für Herrn Mayer klar, dass dies der Ort ist, wo er hingehört: hier ist er geboren, hier wird er eines Tages sterben (ein Platz in der Familiengruft ist ihm sicher). Er ist übrigens einundfünfzig Jahre alt, seit sechsundzwanzig Jahren mit seiner Frau Hildegard verheiratet und hat mit ihr eine fünfundzwanzigjährige Tochter namens Hilde. Die Familie wohnt in dem Haus, das von Herrn Mayers Großvater im Jahre 1921 erbaut wurde. In diesem kleinen Eigenheim findet man auch immer noch viele Dinge, die an den ›alten Alfred Mayer‹ erinnern: einige Porträts an den Wänden, viele Möbel, und sogar die Fliesen in der Küche stammen noch aus seiner Zeit. Hildegard hatte am Anfang der Ehe vorgeschlagen, man könne doch vielleicht neue, weiße, moderne …? Aber da kannte sie ihren lieben Ehemann schlecht; der war geradezu empört, sein Großvater hatte schließlich ein Leben lang geschuftet für dieses Häuschen! Nach dieser Erfahrung traute Hildegard sich nicht mehr, ihren Mann um die Anschaffung neuer Tischdecken zu bitten, denn schließlich stammten die leicht verschlissenen Exemplare, die sich im Hause fanden, aus der Aussteuer der lieben Schwiegermutter (Gott hab' sie selig!). Das ewig staubige Regal mit den Briefmarken- und Ansichtskartensammlungen hat sie auch längst aufgegeben zu kritisieren. Die stattliche Sammlung hat ihr Schwiegervater angelegt, und ihr Mann pflegt und ordnet sie für sein Leben gern.

Ja, seine Familie ist sehr wichtig für Herrn Mayer, er betreibt als Hobby Familienforschung. Bis ins sechzehnte Jahrhundert hat er bereits seinen Stammbaum erschließen können. Immer wieder hat er das Gefühl, in sich Eigenschaften eines Vorfahren zu entdecken, spürt Parallelen in allen möglichen Lebensläufen verschiedener Generationen auf und geht in diesem Hobby voll auf.«

Nach der Schilderung der beruflichen Tätigkeit von Herrn Mayer – er ist bezeichnenderweise Fremdenführer – heißt es weiter:

»Er ist Neubrunn treu. Auch wenn manche kein Verständnis hatten, blieb er trotz der schlimmen Wirtschaftskrise vor zehn Jahren. Ein großer Teil von Neubrunns Bevölkerung war damals in die ökonomisch stabileren Großstädte abgewandert. Herr Mayer fand das ziemlich verräterisch der Heimat gegenüber. Genauso wenig, wie er es sich denken konnte, selbst woanders zu leben, konnte er sich Neubrunn ohne die Familie Mayer vorstellen. Er hatte aber auch gar kein Bedürfnis fortzugehen. Die Zuneigung zu seiner kleinen Geburtsstadt und das tiefe Gefühl am richtigen Ort zu sein, trösteten ihn leicht über die Geldprobleme hinweg.«

Ein wunder Punkt im Leben von Herrn Mayer ist seine Tochter. Sie geht, die Familientradition missachtend, aufs Gymnasium. Ihm passt nicht, dass sie dort zusammen mit Ausländern unterrichtet wird, dies auch in Fächern, die er ablehnt, wie Politik und Sozialwissenschaften. Als Hilde beginnt nachzufragen, was ihr Opa, den sein Vater so schätzt und immer wieder lobt, im Krieg gemacht habe, sagt Herr Mayer, er sei ein vorbildlicher Mensch gewesen, der mit Stolz und Würde für sein Land gekämpft habe. Herr Mayer hat kein Verständ-

nis dafür, dass seine Tochter nachbohrt und wissen will, wieso er auf
seinen Vater und seine Aktivitäten im Krieg stolz sein könne. Als
seine Tochter in Berlin Pädagogik studieren will, tobt er und sperrt
ihr die Mittel, um sie im Schoß der Familie zu halten. Die Verfasse-
rin, Mara S., schreibt:

> »Aber weit gefehlt. Sie packte ihre Sachen und machte sich
> auf den Weg. Sie sagte noch, sie könne in diesem Loch nicht
> weiter leben, in der miefigen Kleinstadt fehle ihr die Luft zum
> atmen, zur Not werde sie jobben und Bafög beantragen. Herr
> Mayer war sehr traurig, als sie dann wirklich weg war, aber er
> nahm es ihr so übel, dass sie fortging, dass er seine Trauer
> nicht zeigen und keinen Schritt in Richtung Versöhnung tun
> konnte oder wollte.
> Nun ist Hilde seit fast sechs Jahren fort, nur zu Weihnachten
> kommt sie nach Hause. Zwischen ihrem Vater und ihr
> herrscht eine frostige Stimmung. Sie hat auch keine Lust, ihm
> von ihrem neuen Leben zu erzählen, weil sie weiß, dass er es
> nicht verstehen könnte.«

Dass hier ein erzkonservativer Mensch gezeichnet wird, liegt auf der
Hand, er ist alles andere als sympathisch. Ich glaube, dass jemand,
der sich intensiv mit Nietzsches Schrift *Vom Nutzen und Nachteil
der Historie für das Leben* beschäftigt hat, sich zumindest erinnert
fühlt an die Ausführungen über den Bewahrenden und Verehrenden,
»der mit Treue und Liebe dorthin zurückblickt, woher er kommt,
worin er geworden ist«[9] Der Arbeitstitel des wiedergegebenen Textes lautet in der Tat: »Ein Beispiel antiquarischer Geschichtsauffas-
sung nach Nietzsche«. Wenn in Maras Text auch manches über-
zeichnet ist und vor allem die jugendliche Ablehnung der Tradition
zum Ausdruck kommt, so wird doch Wesentliches erfasst. Die Be-
tonung des Negativen entspricht durchaus der Auffassung Nietzsches, bei dem es heißt: »Das Kleine, das Beschränkte, das Morsche
und Veraltete erhält seine eigene Würde und Unantastbarkeit dadurch, dass die bewahrende und verehrende Seele des antiquarischen
Menschen in diese Dinge übersiedelt und sich darin ein heimisches

---

9   Friedrich Nietzsche, *Kritische Studienausgabe*, München 1988, Bd. 1, 265.

Nest bereitet.«[10] Nietzsche sieht auch die Notwendigkeit, dass die antiquarische Geschichtsbetrachtung durch die kritische ergänzt werden muss. Sie ist in Maras Text vertreten durch die aufbegehrende Tochter Hilde, die es in der miefigen Kleinstadt nicht mehr aushält. Nur angedeutet wird allerdings, dass der antiquarische Mensch durch seine Einstellung und durch seine genuinen Tugenden dem Leben dient.

Wie war diese Arbeit zustande gekommen? Ich hatte in 13/II den Schülerinnen und Schülern den Vorschlag gemacht, die fällige langfristige schriftliche Hausaufgabe und die Vorbereitung für das Abitur zu verbinden. Dazu sollten sie sich eine der drei Arten der Historie bei Nietzsche herausgreifen und durch die Darstellung einer konkreten Person anschaulich werden lassen. Das mündliche Abitur, in dem auch nach Nietzsche gefragt wurde, zeigte, dass dieses Vorgehen sinnvoll war. Die Umsetzung des philosophischen Textes in einen kleinen narrativen Text hatte erfordert, sich sehr genau mit der Vorlage auseinanderzusetzen. Und die Anschaulichkeit des Erzählten war eine Hilfe bei der mündlichen Reproduktion der Auffassung Nietzsches.

## 6. Nachrichten aus Liberty

Es ist eigentlich überflüssig zu sagen, in welchem Zusammenhang die folgende Aufgabe steht, die ich meinem 12er Kurs gegeben hatte. Ihre staats- und rechtsphilosophische Relevanz liegt auf der Hand. Sie lautete:

> »Der Staat hat ein von der Außenwelt hermetisch abgeschlossenes Gebiet namens ›Liberty‹ geschaffen, in der die staatlichen Gesetze einschließlich des Strafrechts nicht gelten: die Menschen dort können tun, was sie wollen, ohne vom Staat Konsequenzen fürchten zu müssen. Bedingungen für den Zugang zu ›Liberty‹ sind: Mindestalter fünfzehn Jahre, Freiwilligkeit, Rückkehr in den Staat frühestens nach einem Jahr. Das Gebiet ist entsprechend der Anzahl der Menschen, die

---

10 Ebd.

sich hier aufhalten, mit allem Lebensnotwendigen (allerdings nur einem Minimum) ausgestattet. Schildere die Erlebnisse eines Libertyaners in der ersten Person!«

Meine Erwartung: mit aller Deutlichkeit würde sichtbar werden, dass staatliche Gesetze und Recht unabdingbar für ein wirklich menschliches Leben sind. Der künstlich geschaffene Urzustand lässt zwangsläufig einen Staat entstehen.

Im Großen und Ganzen entsprachen die Arbeiten der Schülerinnen und Schüler meinen Vorstellungen. Die negativen Seiten eines nichtsstaatlichen Zustandes wurden erkannt, wenn auch die Sehnsucht nach unbegrenzter Freiheit die fiktive Situation zuweilen in einem zu positiven Licht erscheinen ließ. Mich wunderte, dass bei einigen Schülern Langeweile (und das Fehlen des Fernsehers) eine Rolle spielte, so als gäbe es nicht genug zu tun, wenn lediglich ein Minimum des Lebensnotwendigen gegeben ist (mein Eindruck: um die Bewältigung des im Alltag Notwendigen brauchen sich manche jungen Leute überhaupt nicht zu kümmern, alles Lästige, vor allem der tägliche Kleinkram, wird ihnen abgenommen).

Nicht verwunderlich ist, dass nur Mädchen von Vergewaltigungen in »Liberty« schrieben. Da hieß es lapidar:

> »Als Frau hat man es hier besonders schwer, Frauen werden von Männern belästigt und viele Frauen werden hier vergewaltigt, weil Männer die erst beste Frau schnappen, wenn sie das Bedürfnis haben.«

Die Schilderung einer erlebten Situation klingt so:

> »Ich kann nicht fassen, was ich da sehe. Zwei Männer hocken auf dem Boden und halten ein Mädchen fest. Der Dritte liegt auf dem Mädchen, das sich kaum bewegen kann, und er reißt ihr den Rock von der Hüfte. Sie schreit nur. Ein Vierter hält Wache. Er hat eine Waffe und entdeckt mich.«

Ich hatte mir selbst zwar alle möglichen schlimmen Grausamkeiten ausgemalt, meine männliche Perspektive hatte aber das spezifische Schicksal von Frauen ausgeblendet.

Es gab wie üblich große stilistische und inhaltliche Unterschiede. Matthias A. – muskelbepackt, Fan von Bodybuilding, mit betont männlicher Stimme – hatte geradezu lyrisch formuliert. Im ersten Teil seiner Arbeit schildert er knapp, wie der Ich-Erzähler die Situation vor dem Eingangstor zu »Liberty« erlebt. Eine kleine Passage:

> »Magnetisch saugt ein leuchtendes Rot meinen Blick an. Das Rot gehört zu einem Tuch, es ist in eleganten Falten um den Kopf einer jungen Frau geschwungen. Mein Blick wandert weiter: Ihre Hand wird von einem kleinen Jungen gehalten. Seine braunen, runden Augen bitten sie um Geborgenheit. Süße Melancholie fließt in meine Augen.«

Das ist sicher dicht an der Grenze des stilistisch Erlaubten. Der Leser ahnt jedoch, dass die Frau und der kleine Junge im weiteren Verlauf der Geschichte eine Rolle spielen mussten.

Der recht kurze zweite Teil berichtet davon, dass die Bewohner von Liberty es für unnötig hielten, noch einmal die Kriege durchzumachen, die sich in der geschichtlichen Entwicklung der Außenwelt gezeigt hatten, und daher eine Art freiwilliger Regierung gründeten, die als »Organ zur optimalen Glücksverteilung« fungierte. Der Ich-Erzähler spricht – recht allgemein bleibend – von dem großen Glück, das ihm hier zuteil wird. Der dritte Teil bringt nach der Schilderung eines intensiven Erlebens die grausame Wende. Der Erzähler geht eine Asphaltstraße entlang, die von saftigen Grün der Grashalme überwuchert ist. Er sinkt in die Knie und betrachtet einen einzelnen Grashalm aus der Nähe:

> »Verwurzelt im Nahrung spendenden Boden läuft er spitz zu, um gen Himmel zu streben. Grünlich, fast transparent leuchtet er in der Sonne. Seine Perfektion zieht mich in einen Bann: ich fühle mich geborgen. Natur, Leben, ich mitten drin, menschliche Natur, Perfektion, Geborgenheit.«

Als er weitergeht, plötzlich dies:

> »Explosiv dringt Blut in meinen Kopf. Meine Augen schwellen an. Mein Magen presst sich mir in den Hals. Brechreiz. Mein Herz pumpt Verzweiflung durch meine Brust, mein ganzer Körper wird ergriffen. Das Verlangen zu weinen. Die Unfähigkeit zu weinen. Mein Verstand kann nicht erfassen, was mein Auge sieht: Rückenlage, ihr Kopf lagert an der rostigen

Kante des Müllcontainers. Sanft streichelt warmes Sonnen-
licht ihre toten Wangen. Noch immer birgt ihre Hand die kleine Hand ihres Sohnes. Auf dem Boden verläuft eine Schleif-
spur aus getrocknetem Blut. Zwei Körper leblos, doch durch
einen Ausdruck von Liebe belebt. Seine braunen Augen sind
erloschen. Locker geschwungen verschleiert das rote Tuch
ihren toten Kopf.«

Damit endet der Text. Was der Verfasser andeuten will, ist klar.
Eine Organisation, die nur die Aufgabe hat, Glück optimal zu ver-
teilen, kann nicht dafür sorgen, dass die Menschen geschützt werden. Die Einsicht in das Verwerfliche von Feindseligkeiten genügt
nicht für den inneren Frieden. Der Text trägt die Überschrift »Human Nature?« Matthias fragt sich also, ob der Mensch überhaupt fähig ist, ohne äußeren Zwang friedlich zu bleiben.

Der Text, der von elliptischen Sätzen ausgiebig Gebrauch macht,
quillt geradezu über von Gefühl. Auch damit muss rechnen, wer
Schüler schreiben lässt. Hier kann nur eine behutsame Beratung hilfreich sein, die positive Ansätze verstärkt, aber auch deutlich macht,
was über das Tunliche hinausschießt. Inhaltlich lässt sich das Geschilderte jedoch ohne Weiteres in die Diskussion über die Problematik eines außerstaatlichen Zustandes einarbeiten.

In Form eines Tagebuches hat Adam B. einen eher nüchternen
Bericht geschrieben, der meinen Erwartungen entsprach, dem Ganzen aber einen eigenen Akzent verlieh. Nach einem anfänglich eher
positiven Eindruck von »Liberty« empfindet der Ich-Erzähler die
Atmosphäre als bedrückend, auf dem Markt fühlt er sich ständig
beobachtet und kontrolliert. Er ist nur wenige Tage in dem Land der
Freien, als er morgens feststellen muss, dass er in der Nacht bestoh-
len worden ist. Er findet sich damit ab, dass er nichts unternehmen
kann, da es keine Polizei gibt. Die Tagebucheintragungen der näch-
sten Tage sehen so aus:

»16. Januar 2111
Hi. Mensch, also langsam krieg' ich hier echt zuviel. Als ich
heute mit meinem Hund spazieren war, kamen drei Gestalten
auf mich zu und nahmen mir meinen Geldbeutel weg. Sie be-
drohten mich mit schweren Waffen, ein Messer hätte es doch
auch getan! Unglaublich, wie hoch die Kriminalität zu sein

scheint. Auffällig war, dass die Männer rote Bänder an den Ärmeln trugen. So ein Bändchen habe ich auch in meinem Haus gefunden, als ich beklaut worden bin. Was soll das alles hier? Ich glaube, ich muss versuchen mich irgendwie zu wehren. Ich lasse mich doch nicht beklauen! Übrigens gibt es gar keine Innenstadt, sondern nur ein riesiges Waldgebiet mit einzelnen Anwesen mit Flaggen. Jedes Anwesen hat eine andere Farbe. Rot, Blau und Grau. Mehr habe ich nicht gefunden.

18. Januar 2111
Jetzt reicht es endgültig. Mein Hund, mein einziger Freund hier, wurde in der Nacht getötet. Aufgeschlitzt. Ich habe mir eine Pistole, ein Messer und einen Schlagring gekauft. So wird es nicht weitergehen.

19. Januar 2111
Heute habe ich mit einem Nachbarn geredet, und er sagte mir, dass es hier drei größere Banden gibt, die versuchen, die alleinige Herrschaft zu übernehmen. Ich lebe in der Wohnsiedlung der ›Blauen‹, sagte der Mann mir. Hier würden überwiegend Menschen leben, die der blauen Gruppe angehören. Jetzt verstehe ich, warum ich Nachrichten von verschiedenen Absendern erhalten habe. Sie werben um mich.«

Der Ich-Erzähler schließt sich den Blauen an und wird der D-Gruppe zugeteilt, die Feinde überfällt und notfalls tötet. Er fragt sich zunächst: »Ich soll töten?« Der »Job« macht ihm jedoch Spaß. Er fühlt sich stark, als er zum ersten Mal in seinem Leben auf einen Menschen geschossen hat. Allerdings wundert er sich über sich selbst, als er einen fremden Jungen, der die Gruppe beschimpft, misshandelt und schließlich auf den am Boden Liegenden schießt. Nach der Beförderung in die C-Gruppe darf er Anweisungen geben und seine eigene D-Gruppe führen.

»27. Januar 2111
Ich hasse die Roten und die Grauen. Sie sollen alle sterben. Heute befahl ich, dass meine Leute ihre Opfer nicht nur ausbeuten sollten. Sie sollten alle Menschen töten. Warum kam ich nicht vorher auf die Idee!? Einer aus der Gruppe hat mir

widersprochen. Der Dummkopf. Jetzt ist er tot.

2. Februar 2111
Hier sitze ich nun … alleine in meiner Todeszelle. Dabei
wollte ich nur das Beste für meine Mannschaft. Ich hatte viele
Ideen und wollte unbedingt befördert werden. Vielleicht hätte
ich den aus der B-Gruppe nicht erschießen dürfen!? Ich
konnte nicht verstehen, dass er mehr Macht hatte als ich. Dabei wollte ich so viel erreichen. Die Welt gehörte fast mir. Ich
war nicht weit davon entfernt. Ach, was rede ich eigentlich
da??? Was ist aus mir geworden???«

Die Vorstellung, dass sich in Liberty Gruppen bilden, die die Macht
an sich reißen wollen, ist plausibel. Eine Gewaltherrschaft, die den
gesetzlosen Zustand ablöst, ist wahrscheinlich. Womit ich bei der
Aufgabenstellung nicht gerechnet hatte, war die Schilderung der
charakterlichen Entwicklung eines Menschen, der sich in einem
rechtlichen Freiraum und in einer Atmosphäre der Gewalt zum Kil-
ler entwickelt. Hat hier ein junger Mann wie bei Videospielen nur
seine Phantasien ausgelebt? Wie dem auch sei, ich finde gut, dass
sich ein Jugendlicher ausmalt, wie sich unter bestimmten Umständen der Charakter eines Menschen verändern kann.[11] Dies könnte
für den Ernstfall immunisieren. Immerhin wundert sich der Protago-
nist zunächst über sein neues Verhalten, bis es ihm selbstverständlich geworden ist. Erst die letzte Frage zeigt das Erschrecken über
die charakterliche Veränderung: »Was ist aus mir geworden???« Die
Häufung der Fragezeichen macht die Wucht deutlich, mit der die
Selbstreflexion zur Besinnung bringt. Schreiben ist immer auch ein
Weise der Selbsterkundung.

Die vorgestellten narrativen Kurztexte zeigen nur einen Aus-
schnitt aus dem Spektrum der Schreibmöglichkeiten im Philosophie-

---

11  Erinnert sei an den Film *Das Experiment* von Oliver Hirschbiegel. Gezeigt
    wird, wie gewöhnliche Menschen in der simulierten Rolle von Gefangenen-
    wärtern Macht über die »Gefangenen« bekommen und sich mehr und mehr ein
    menschenverachtendes Verhalten zu eigen machen.

unterricht. Dem Einfallsreichtum der Schüler sollte man keine Grenzen setzen. Ihnen gelingen sogar Märchen, Fabeln und Mythen.[12]

# 7. Schlussbemerkung

Wer sich darin übt, Gedanken, die einen allgemeinen Gehalt haben, in anschaulicher, fiktiver Rede zu formulieren, steigert seine Fähigkeit, philosophisch relevante Entdeckungen zu machen. Denn der Schreibende ist aufgrund der Anschaulichkeit emotional involviert, es gibt ein fruchtbares Zusammenspiel des anschaulich-figurativen und des begrifflich-sprachlichen Vorstellens,[13] und die Fiktivität bewirkt eine Offenheit für das, was gewöhnlich ausgeblendet wird, da die »Unbelangbarkeit des Dichters« (Martin Walser) die Angst mindert, für das Gesagte zur Rechenschaft gezogen zu werden. Außerdem verringert sich die Gefahr, die mit dem rein diskursiven philosophischen Denken gegeben sein kann, nämlich die, einem bloßen Verbalismus zu verfallen oder sich in ein Denken zu verlieren, das ohne Bezug zur konkreten, erfahrbaren Wirklichkeit ist.

Wer sich für die Äußerung seiner Gedanken literarischer Formen bedient, stärkt seine kommunikative Kompetenz. Denn zu ihr gehört nicht nur die Bereitschaft, zuzuhören und sich auf andere einzulassen, sondern auch die Fähigkeit, so zu formulieren, dass der Gesprächspartner sich dem Vorgetragenen öffnet. Der Spielcharakter des Fiktiven verhindert, dass im Angesprochenen eine Abwehrhaltung erzeugt wird, wie dies bei einer streng argumentativen und nüchtern sachlichen Darstellung beobachtet werden kann. Und das *anschaulich* Formulierte findet Gehör, da es bewegt, betroffen

---

12  Die oben nicht erwähnte Form der Parabel wird besprochen in: Helmut Engels, »Dialog und Parabel. Beispiele literarischen Schreibens im Unterricht«, in: *Zeitschrift für Didaktik der Philosophie und Ethik* 26, Heft 2 (2004).

13  Vgl. Jürgen Grzesik, *Textverstehen lernen und lehren*, Stuttgart 1990. Darin vor allem das Kapitel 3.3: Die Teilfähigkeit der Repräsentation von Textinformation in Vorstellungen oder Begriffen.

macht, zu Herzen geht, die Vorstellungskraft herausfordert und zur Identifikation einlädt.[14]

So oder ähnlich lässt sich rechtfertigen, wenn im Philosophieunterricht literarische Texte geschrieben werden. Die Sicht der Schülerinnen und Schüler ist eine andere. Schreibend denken sie nicht an ihre Kompetenzen. Ihnen macht es Spaß, literarisch zu schreiben, sie erleben die Freude am Entdecken und Erfinden und sind stolz, etwas Besonderes zustandezubringen. Die durchweg positiven Reaktionen der Mitschüler stärken das Selbstbewusstsein. Trotz der Mühe, die immer auch mit dem Schreiben verbunden ist, erinnern sie sich gern an diese Tätigkeit. Wie sich aus Gesprächen oft nach Jahren ergab, gehört das von den jungen Leuten Verfasste zum persönlichen geistigen Besitz, als lebendiges Wissen wirkt es auf künftiges Nachdenken und Handeln. Und wer mit Erfolg geschrieben hatte, schreibt auch weiterhin gern.

---

14  Zu ergänzen sind diese Überlegungen durch Hinweis auf die philosophischen Disziplinen, denen das Schreiben fiktionaler Texte zugeordnet werden kann. Vgl. Helmut Engels, »Man muss es ihnen nur zutrauen! Über das Verfassen von fiktionalen Texten im Philosophieunterricht«, in: *Zeitschrift für Didaktik der Philosophie und Ethik* 24, Heft 2 (2002), 106 ff. Der Aufsatz gibt außerdem eine Übersicht über die Textsorten literarischen Schreibens im Philosophieunterricht.

Renate Schröder-Werle

# Literarische Formen und Fiktionalität. Modi der Anschaulichkeit philosophischer Erkenntnis

## 1. Sprachliche Repräsentationen der Genauigkeit des Denkens über die Welt

### 1.1 Von den Grenzen des Diskursiven und den Scheinlösungen des Metaphorischen bei der »Verwandlung der Dinge in das Wort«[1]

In der philosophiedidaktischen Literatur wird immer wieder Hegels griffige Mahnung aus der »Vorrede« zur *Phänomenologie des Geistes*, die »Anstrengung des Begriffs«[2] auf sich zu nehmen, als Abgrenzungsinstrument gegenüber literarischen Aussageweisen benutzt. Intendiert wird dabei der Nachweis, dass nur der Begriff philosophisches Denken sprachlich repräsentiere;[3] diese Annahme lässt

---

1 Erweiterte und überarbeitete Fassung des in der *Zeitschrift für Didaktik der Philosophie und Ethik* 26, Heft 2 (2004) erschienenen Beitrags »Warum Dichter lügen, Philosophen schweigen, die nackte Wahrheit sich im Hexenwald verkleiden muss und Platon an allem Schuld ist«.

2 Georg Wilhelm Friedrich Hegel, *Phänomenologie des Geistes*, Stuttgart 1987, 51.

3 So die generellen Vorbehalte Jürgen Hengelbrocks gegenüber literarischen Zugängen zu philosophischen Problemen. Er grenzt in seinem Beitrag die begriffliche Versprachlichung philosophischen Denkens von den schriftlichen Manifestationen der Lebensklugheit ab, denen er durchaus eine Berechtigung im Philosophieunterricht zugesteht. Er steuert selbst ein gut unterrichtbares Bei-

sich aber nur mit einem anderen Verständnis von *Begriff* aufrecht erhalten, als dies in der *Phänomenologie des Geistes* sichtbar wird. Wenn man den Kontext der Textstelle berücksichtigt und Hegels »Selbstanzeige« hinzu nimmt, geht es in der *Phänomenologie des Geistes* um den (mühseligen) Weg des »werdende[n] Wissen[s]« zum reinen Wissen oder absoluten Geist.[4] Die Hegelsche Mahnung in der »Vorrede« bezieht sich auf eine Abgrenzung gegenüber formallogischem auf der einen und in inhaltlichen Vorstellungen »fortlaufen[dem]« Denken auf der anderen Seite. Die Anstrengung des Begriffs schließt eine Anstrengung des Aussagens nicht aus, die als das Hauptgeschäft des Dichterischen gilt, sofern es etwas zu sagen hat. Bekanntlich schließt die *Phänomenologie des Geistes* mit der indirekten Aussageweise einer Schiller-Adaption. Ist mit diesem »Kelche«[5] auch für Hegel die Grenze des Sagens oder die des diskursiv Sagbaren erreicht? Da er es sagt, aber nicht diskursiv, sondern im Sprachbild, kann angenommen werden, dass die Anstrengung des Aussagens auch bei Hegel die Formen des uneigentlichen Sagens nicht ausschließt.

In Erkenntnis und Sinn stiftender Funktion erscheint die uneigentliche, dichterische Sprache bei Nietzsche und Heidegger. Umberto Eco sieht im Hölderlin-Vers: »Was bleibet aber, stiften die Dichter«[6] ein Emblem für die von Heidegger der dichterischen Sprache zugeschriebene Kraft, die Grundlage des Seins zu enthüllen, führt aber die »mystische Theologie« im Neuplatonismus als Höhepunkt der Vorstellung von der Möglichkeit des Sagens des Unsagbaren im Oxymoron (»lichtvollste Dunkelheit«) oder der Metapher an, auf die an ihre Grenzen gekommene rationale Erkenntnis heute, etliche Jahrhunderte später, gerne (und ungewusst) zurückkomme.[7] Wo

---

spiel eines literarischen Zugangs bei mit Hinweisen zu Jean Giraudouxs Theaterstück »Der trojanische Krieg findet nicht statt«. (Jürgen Hengelbrock, »Literarische Zugänge eine Lösung?«, in: ders. (Hg.), *Philosophie. Beiträge zur Unterrichtspraxis*, Berlin 1996, 3-16.).

4  Zum Kontext: G.W.F. Hegel, »Vorrede« zur *Phänomenologie des Geistes*, a.a.O., 9-62; die »Selbstanzeige« ist abgedruckt in Lorenz Bruno Puntels »Nachwort« zur *Phänomenologie des Geistes*, a.a.O, 581 f.

5  G.W.F. Hegel, *Phänomenologie des Geistes*, 567.

6  Friedrich Hölderlin, »Andenken«, letzte Zeile.

7  Umberto Eco, *Kant und das Schnabeltier*, München 2003, 44 ff.

wissenschaftliche Erkenntnis und philosophischer Diskurs vorsichtig »schweigen«, »lügen« die Dichter munter weiter?

Nein, das besorgen oftmals Philosophen und Wissenschaftler selbst, allen voran die der Moderne und Postmoderne, z.B. wenn sie Modelle und Fragmente naturwissenschaftlicher Erkenntnis freizügig, unbekümmert und unbelastet vom uralten Wissen um Fiktionalität und indirektes Sagen metaphorisch und analogisch vermittelt als Realität der Welt und des Universums verkaufen.[8] »[...] ich war so vertollt in die großen Worte«,[9] schreibt Kafka dagegen schon 1903, bevor er seine existentialistische Wende in der Skepsis gegen die Kategorien des Denkens und Aussagens verarbeitet. Die Lektüre von Kafka, Musil oder Beckett kann gegenüber dem naiven Gebrauch von Sprachbildern des Unsagbaren, auch wenn sie sich auf naturwissenschaftliche Erkenntnisse beziehen, aufklärerisch heilsam wirken. Erstere haben zu Beginn des zwanzigsten Jahrhunderts die Probleme von Wissenschaft und Philosophie mit der sprachlichen Gestaltung des Wirklichkeitsthemas gegen Ende des zwanzigsten Jahrhunderts vorweggenommen und Modalität und Subjektivität als Grundlagen einer Begriffsbildung in radikalen Unbestimmtheits- und Relativierungsszenarien untersucht und gestaltet; letzterer setzt das Schweigen als gebärdenhafte Sprachlosigkeit[10] auf der Bühne ein. Inszenierte Sinn- und Sprachfreiheit ist ein beherrschendes Thema des Gegenwartstheaters geworden.

Zurück zu Eco: »Das den Dichtern zugeschriebene Offenbarungsvermögen ist weniger Ergebnis einer Aufwertung der Dichtung als einer Abwertung der Philosophie. Nicht die Dichter siegen, sondern die Philosophen ergeben sich«.[11] Wenn sie einmal aufgeschrieben ist, kann Philosophie Dichtung sein und Dichtung kann Philosophie sein; die »Grenzüberschreitungen« werden eher über Gattungskriterien und Interpretationen mit den Instrumentarien der Analytik, der Hermeneutik und der Textwissenschaften entschieden als über

---

8   Vgl. dazu Alan Sokal u. Jean Bricmont, *Eleganter Unsinn*, München 1999.

9   Franz Kafka, Brief an Oskar Pollak, in: Max Brod, *Über Franz Kafka*, Frankfurt/M. 1966, 57.

10  Vgl. unten zu Wittgenstein: S. 52, und zur Konstruktion des nichtsprachlichen Arguments bei Hauskeller: S. 72.

11  U. Eco, *Kant und das Schnabeltier*, 45.

zugrunde liegende Denkprozesse oder Inhalte. Insofern erhellt die
Vorstellung vom »Kampf« zweier Systeme den problematischen Bezug zwischen Sprache, Denken und Wirklichkeit. Sie sollte aber aufgegeben werden, wenn die sprachlichen Repräsentationen von Philosophie und Dichtung hinsichtlich ihrer Vermittlungsleistung zwischen Gegenstand und Wort und Autor und Leser untersucht werden
sollen. Sehr ergiebig bleibt dagegen der Blick in ihre Wirkungsge-
schichte, der sich letztlich nicht nur Dichtungs-, Mimesis-, Kunst-
theorien verdanken, sondern auch die Sprachphilosophie.[12] Ebenso
ergiebig ist der Blick auf Sprach- und Vermittlungsprobleme, die
beide gleichermaßen haben, Philosophie und Dichtung.

## 1.2  Vom Übersetzen und Vermitteln: Warum der Gebrauch von Leitern, Brücken, Ketten, Brennpunkten, Buchstaben und anderen nützlichen Instrumenten Beulen verursachen und Hexen hervorbringen, aber nicht die nackte Wahrheit einfangen kann[13]

Was auf den ersten Blick wie der sich stets in regelmäßigen Abstän-
den wiederholende Versuch der Philosophie aussieht, die Poesie zu
instrumentalisieren, scheint doch eher auf ein Problem zu verweisen,
das beide gleichermaßen haben, Dichtung und Philosophie: Sie kon-
struieren Fiktionen und ge- und ver-brauchen Bilder.

Zunächst zu Letzterem: Hier setzt nun eine unterschiedliche Bewertung ein, die sich offenbar weniger auf die im und durch das Bild
gemachte Aussage als auf deren Intention bezieht. Verkleidung,
Verschleierung, Spiel, Versteck wird bei Dichtern wie Philosophen
eher akzeptiert als das Sprachbild im Dienste der Genauigkeit der

---

12  »Noch Nietzsche steht unter dem Einfluss dieses Satzes (dass Dichter lügen),
    wenn er zur Behauptung der metaphysischen Würde der Kunst die Umkehrung
    verwenden muss, daß die Wahrhaftigkeit der Kunst im Gegensatz zur lügenhaf-
    ten Natur stehe« (Hans Blumenberg, »Wirklichkeitsbegriff und Möglichkeit
    des Romans«, in: Hans. Robert Jauß (Hg.), *Nachahmung und Illusion*, Mün-
    chen 1969, 9).
13  Die Überschrift benutzt ausschließlich die Terminologie Wittgensteins und
    Nietzsches zu Denk- und Sprachvorgängen.

Aussage. Vielleicht schwingt selbst in einer Zeit der Verabsolutie-
rung der Bloßstellung und der Zurschaustellung der Blöße die, je
nach Betrachtungsweise, ironische, Empathie weckende oder pejo-
rative Konnotation der »nackten Wahrheit« mit, wie sie sich in der
didaktischen Verarbeitung der Radikalität aufklärerischer Dich-
tungstheorie in der Frage am Ende der Lichtwer-Fabel zeigt: »Wer
kann die Wahrheit nackend sehen?«,[14] fragen die Räuber und geben
der Fabel die Kleider, darunter auch den (Sprach-)Plunder, zurück.
Sie soll nicht nackt sein, sondern in der Verhüllung Begehrlichkeiten wecken, und, falls die Wahrheit nicht interessiert, seien es die
Begehrlichkeiten des Enthüllens.

Das Einkleiden bzw. Verhüllen bis zum Verbergen, z.B. mittels
der Allegorie, und das Entkleiden, Enthüllen, Entschleiern, Entbergen etc. werden zum Sinnbild des Forschens, Denkens und Vermit-
telns,[15] dem sich nur wenige dezidiert entziehen, Kant etwa, der die
Leistungen des metaphorisch Vermittelten als Unvermögen des Ausdrucks ansah, aber keine Anstalten machte, bildhafte Sprache zu
vermeiden, oder Nietzsche, der vom entgegengesetzten Standpunkt
aus die Metapher von der »nackten Wahrheit« wörtlich nahm und
auf den Wahrheitsbegriff selbst und auf das der Wahrheitssuche ver-
pflichtete Denken anwandte.[16] Die Wahrheit des Philosophen erscheint dabei als eine Art »Selbstbekenntnis«[17] eines von »herrsch-
süchtig[en]« »Trieb[en]« gesteuerten »Instinkt«-Täters. »Platos Er-

---

14 Magnus Gottfried Lichtwer, »Die beraubte Fabel«, in: Reinhard Dithmar (Hg.),
   *Fabeln, Parabeln und Gleichnisse*, München [6]1981, 210 f.

15 Zu Francis Bacons positiver Beurteilung parabolischer Aussageweisen für die
   Philosophie vgl. Renate von Heydebrand, »Parabel. Geschichte eines Begriffs
   zwischen Rhetorik, Poetik und Hermeneutik«, in: *Archiv für Begriffsgeschichte*
   34 (1991), 27-122.

16 »Vorausgesetzt, daß die Wahrheit ein Weib ist –, wie? Ist der Verdacht nicht
   gegründet, daß alle Philosophen, sofern sie Dogmatiker waren, sich schlecht
   auf Weiber verstanden? daß der schauerliche Ernst, die linkische Zudringlich-
   keit, mit der sie bisher auf die Wahrheit zuzugehen pflegten, ungeschickte und
   unschickliche Mittel waren, um gerade ein Frauenzimmer für sich einzunehmen? Gewiß ist, daß sie sich nicht hat einnehmen lassen - und jede Art Dogma-
   tik steht heute mit betrübter und mutloser Haltung da. *Wenn* sie überhaupt noch
   steht!« (aus der »Vorrede« zu *Jenseits von Gut und Böse*, in: Friedrich Nietzsche, *Werke in drei Bänden*. Darmstadt 1997, Bd. 2, 565).

17 Ebd., 571.

findung vom reinen Geiste und vom Guten an sich«[18] wird als der
»gefährlichste« »Dogmatiker-Irrtum« aller Zeiten eingeschätzt und
auch sonst die Aufopferung des Philosophen für die Wahrheit sowie

Werner Gephart, *Die Mode und das Meer* (1992)[19]

die Wahrheit selbst als Metaphern angesehen, mit denen die Illusionen und Täuschungen über Unerreichbares verkleidet, verhüllt, ver-
brämt werden sollen. Selbstbezogene Lust an Maske und Enthüllung
kennzeichnen die Motivation, auch die des theoretischen Menschen.
»Alles, was tief ist, liebt die Maske; die allertiefsten Dinge haben

---

18  Ebd. 566.
19  Aus: Detlef B. Linke, *Kunst und Gehirn. Die Eroberung des Unsichtbaren*,
    Reinbek 2001, nach 128.

sogar einen Haß auf Bild und Gleichnis.«[20] Nach Hans Blumenberg stellt die Metapher von der »nackten Wahrheit« eine absolute Metapher[21] dar, also eine, die niemals diskursiv aufgelöst werden könnte. Selbst wenn die Übertragung des Bildbereichs gelänge, wäre die Bildaussage immer noch reichhaltiger und perspektivisch spiegelnder als eine Erklärung in diskursiver Sprache.

Hier liegt der Zugewinn der Aussagemöglichkeit, und zwar für alle sprachlichen Repräsentationen, seien sie philosophischer, seien sie literarischer Provenienz. Hier liegen aber auch die Fallstricke eines ungebildeten Umgangs mit einem alten Schatz der Menschheit, der Sprache selbst, die, historisch und »unordentlich« gewachsen, den gesamten Anschauungsbereich der menschlichen Sinne und des menschlichen Denkens vereinnahmt hat.

Wenn die »Anstrengung des Begriffs« tatsächlich darauf gerichtet wäre, auch noch die letzte verblasste Metapher zu eliminieren, hätte die Philosophie nichts mehr über »die Welt« zu sagen und müsste sich in der Tat in einer von der »normalen« Sprache abgesetzten »künstlichen« ghettoisieren, wie dies in der Sprachphilosophie im kritischen Gefolge Carnaps auch geschehen ist,[22] oder aber in einer Wittgenstein'schen »privaten« Sprache autistisch vereinsamen.[23] Wenn aber heute immer noch der berühmte Spruch von Wittgenstein aus dem *Tractatus*[24] auf die Zeilen verkürzt wird: »Alles, was überhaupt gedacht werden kann, kann klar gedacht werden.

---

20  Ebd. 603.

21  Hans Blumenberg, »Paradigmen zu einer Metaphorologie«, in: *Archiv für Begriffsgeschichte* 6 (1960), 7-142.

22  Auf dieses komplexe Thema kann hier nicht weiter eingegangen werden, vgl. dazu Jürgen Schröder, *Die Sprache des Denkens*, Würzburg 2001.

23  Zum gescheiterten Experiment der »*Sprache der Empfindung*« vgl. Renate Schröder-Werle, »Erfassen der Wirklichkeit. Didaktische Potentiale phänomenologischen Denkens«, in: Johannes Rohbeck (Hg.), *Didaktische Transformationen*, Dresden 2003, 66 (Jahrbuch für Didaktik der Philosophie und Ethik, 4). Für eine kurze Klarstellung im Kontext vgl. Walter Schweidler, *Wittgensteins Philosophiebegriff*, Freiburg, München 1983; für die Grundsatzdebatte (und Auseinandersetzung mit »Kripkes Wittgenstein«) ist immer noch Standard: Wolfgang Stegmüller, *Hauptströmungen der Gegenwartsphilosophie*, Bd. 4, Stuttgart 1989, 1-160.

24  Ludwig Wittgenstein, *Tractatus logico-philosophicus*, 4.114

Alles, was sich aussprechen läßt, läßt sich klar aussprechen«,[25] zeigt
dies nur die Hoffnung, alle als für das exakte Denken bedrohlich und
unklar empfundenen Spielräume des Sagens und Verstehens bannen
zu können.

Dieser Beschwörungsritus ist sicher die größte Illusion, denn
erstens sähe eine Sprache des Denkens völlig anders aus als die
Wittgensteins, zweitens verdrängt dieses Wunschdenken die auch
bei Wittgenstein in den Wort- und Gedankenfiguren des Oxymorons
und des Paradoxons ausgesagten zahlreichen Hinweise auf den
wichtigsten Teil des Werkes, der, sinngemäß nach Wittgenstein, im
*veröffentlichten Schweigen* niedergeschrieben sei.[26] Die Wortwahl
erinnert sehr an die oben zitierte »lichtvolle Dunkelheit« der Mysti-
ker. Wittgensteins weiteres sprachphilosophisches Werk *Philosophische Untersuchungen*[27] zeugt von dem gigantischen Kraftakt, in
einer Gegnerschaft zu lebensweltlichen und uneigentlichen Anteilen
in der Sprache zu denken und auszusagen:

> »109. [...] Die Philosophie ist ein Kampf gegen die *Verhe-
> xung* unsres Verstandes durch die Mittel unserer Sprache.«
> [...]
> »112. Ein Gleichnis, das in die Formen unserer Sprache auf-
> genommen ist, bewirkt einen falschen Schein; der beunruhigt
> uns: ›Es ist doch nicht so!‹ – sagen wir. ›Aber es muß doch *so*
> sein!‹«
> »113. ›Es ist doch *so* –‹ sage ich wieder und wieder vor mich
> hin. Es ist mir, *als müßte* ich das Wesen der Sache erfassen,
> *wenn* ich meinen *Blick* nur *ganz scharf* auf dies Faktum ein-
> stellen, es in den *Brennpunkt* rücken könnte.« [...]

---

25  Zitiert nach Manfred Geier, *Das Sprachspiel der Philosophen*, Reinbek 1993,
    164.

26  Zum Kontext des ersten Teils von 4.114, vor allem zu »Das Unsagbare bedeu-
    ten [...]«, vgl. ebd.

27  Ludwig Wittgenstein, *Philosophische Untersuchungen*, Frankfurt/M. 1971.
    Folgende Zitate: 79 ff. Hervorhebungen von mir. Zur Kritik der »Verhexungs«-
    theorie: Dieter Birnbacher, »›Lassen wir uns nicht behexen!‹. Eine Metakritik
    von Wittgensteins Kritik an der Sprachverführung des Denkens«, in: ders. u.
    Armin Burkhardt (Hg.), *Sprachspiel und Methode*, Berlin, New York 1985, 47-
    70.

»119. Die Ergebnisse der Philosophie sind die Entdeckung irgendeinen schlichten Unsinns und *Beulen*, die sich der Verstand beim *Anrennen* an die Grenze der *Sprache* geholt hat. Sie, die Beulen, lassen uns den Wert jeder Entdeckung erkennen.«

Robert Musil, der Schöpfer der umfassendsten Philosophie in literarischer Form im zwanzigsten Jahrhundert ist den umgekehrten Weg gegangen: Als gelernter Ingenieur und promovierter Mathematiker, Physiker und Philosoph machte er sich den Sprach- und Formen-Schatz der Dichtung als bevorzugtes Aussagemedium für Erkenntnisse sowie Instrument des Erkennens nutzbar. Schon in seinem 1906 erschienenen Jugendroman *Die Verwirrungen des Zöglings Törleß* gestaltet Musil Wahrnehmungs-, Erfassungs-, Reflexions- und Versprachlichungsprobleme, also die Themen der sich zeitgleich vorbereitenden Sprachphilosophie des Wiener Kreises. Er hat sie als Verknüpfung im Wesentlichen zweier großer Diskurse konzipiert: Sprache / Denken / Wirklichkeit und Moral / Macht / Ohnmacht / Gewalt / Terror. Die Tagebücher Musils mit ihren umfassenden Exzerpten und Werkkommentaren geben Aufschluss über den Bildungsweg vom literarisch dilettierenden Wissenschaftler[28] bis zu einem der bedeutendsten Dichter des zwanzigsten Jahrhunderts. Einige wesentliche Fragen, die Wittgenstein mit dem Wirklichkeitsbezug der Sprache hatte (und einige seiner metaphorischen Wendungen) finden sich bereits im *Törleß*-Roman, allerdings stringent bearbeitet, kunstvoll variiert, mit wesentlichen Aussagen über ein exi-

---

28  Der Roman entstand zwischen 1902 und 1905. Als ausgebildeter Mathematiker und Ingenieur hat Musil mit der Niederschrift begonnen (während seiner Laborzeit bei Carl von Bach in Stuttgart), als studierender Philosoph, Physiker und Psychologe führte er den Roman weiter (während seiner Studienzeit in Berlin, wo er, allerdings später, unter anderem bei Carl Stumpf, dem Lehrer Husserls, über Ernst Mach promovierte). Zeitgleich widmete er sich als Forscher und Erfinder auf dem Gebiet der experimentellen Psychologie speziell der Wahrnehmungsforschung und konstruierte den sogenannten Variationskreisel (Gerät zur Messung optischer Inversion). Ernst Mach, über den er 1908 promovierte, war ihm bereits bekannt, die reflexive Auseinandersetzung mit Husserl erfolgte später. Für weitere Informationen vgl. Renate Schröder-Werle, *Robert Musil. Die Verwirrungen des Zöglings Törleß. Erläuterungen und Dokumente*, Stuttgart 2001.

stenzielles Thema der Wirklichkeit, Macht und Gewalt, verknüpft,
zwanzig Jahre früher und aus ähnlichen philosophischen Quellen der
Sprachkrisenthematik der vorletzten Jahrhundertwende gespeist.
Musil hat damit den Vorteil, die Prozesse des Wahrnehmens, des Er-
fassens der Wirklichkeit und das große Problem der Versprachlichung dieser Prozesse in den Reflexionen einer Erzählerfigur sowie
den Erlebnissen des Protagonisten Törleß perspektivisch spiegeln
und damit veranschaulichen zu können, was Wittgenstein recht
mühsam zu beschreiben versucht.

Die folgenden Textbeispiele sind nicht nur im Begründungskontext dieser Überlegungen, sondern auch im Hinblick auf eine kurze
Unterrichtsreihe in einem sprachphilosophischen Unterrichtsvorhaben hin ausgesucht. Die Stellen aus dem *Törleß*-Roman könnten mit
weiteren Überlegungen Wittgensteins zum Thema Erfassen – Denken – Wirklichkeit und Sprache aus seinen *Philosophischen Untersuchungen* in Beziehung gesetzt werden, z.B. mit den Paragraphen
381-383 und 426-432.[29]

Törleß' Erleben und Erfassen der Unendlichkeit (Textauszüge
aus dem Roman *Die Verwirrungen des Zöglings Törleß*):

> »Und plötzlich bemerkte er, – und es war ihm, als geschähe
> dies zum ersten Male, – wie hoch eigentlich der Himmel sei.
> [...] Gerade über ihm leuchtete ein kleines, blaues, unsagbar
> tiefes Loch zwischen den Wolken.
> Ihm war, als müßte man da mit einer langen, langen *Leiter
> hineinsteigen* können. Aber je weiter er hineindrang und sich
> *mit den Augen hob*, desto tiefer zog sich der blaue, leuchtende
> *Grund* zurück. Und es war doch, als müßte man ihn einmal
> erreichen und *mit den Blicken* ihn *aufhalten* können. Dieser
> Wunsch wurde quälend heftig.
> Es war, als ob die aufs äußerste gespannte Sehkraft *Blicke
> wie Pfeile* zwischen die Wolken hineinschleuderte und als ob
> sie, je weiter sie auch zielte, immer *um ein weniges zu kurz*
> träfe.
> Darüber dachte nun Törleß nach; er bemühte sich möglichst
> ruhig und vernünftig zu bleiben. ›Freilich gibt es kein Ende‹,

---

29  L. Wittgenstein, *Philosophische Untersuchungen*, 185, 199 f., 200 f.

sagte er sich, ›es geht immer weiter, fortwährend weiter, ins *Unendliche.*‹ Er hielt die Augen auf den Himmel gerichtet und sagte sich dies vor, als gälte es die *Kraft einer Beschwörungsformel* zu erproben. Aber erfolglos; *die Worte sagten nichts,* oder vielmehr sie sagten etwas ganz anderes, so als ob sie zwar von dem *gleichen Gegenstande,* aber von einer anderen, *fremden, gleichgültigen Seite* desselben redeten.

›*Das Unendliche!*‹ Törleß kannte das Wort aus dem Mathematikunterrichte. Er hatte sich nie etwas Besonderes darunter vorgestellt. Es kehrte immer wieder; irgend jemand hatte es einst erfunden, und seither war es möglich, so *sicher* damit zu rechnen wie nur mit irgend *etwas Festem.* Es war, was es gerade in der Rechnung galt; darüber hinaus hatte Törleß nie etwas gesucht.

Und nun durchzuckte es ihn wie mit einem Schlage, daß an diesem Worte etwas furchtbar Beunruhigendes hafte. Es kam ihm vor wie ein *gezähmter Begriff,* mit dem er täglich seine kleinen Kunststücke gemacht hatte und der nun plötzlich *entfesselt* worden war. *Etwas über den Verstand Gehendes,* Wildes, Vernichtendes schien durch die Arbeit irgendwelcher Erfinder *hineingeschläfert* worden zu sein und war nun plötzlich *aufgewacht* und wieder *furchtbar* geworden. Da, in diesem Himmel, stand es nun lebendig über ihm und drohte und höhnte.«[30] [...]

»[...] und endlich Basini? Die *Vorstellung* dessen, was mit dem geschah, hatte Törleß völlig entzweigerissen; sie war bald *vernünftig und alltäglich,* bald von jenem *bilderdurchzuckten Schweigen,* das allen diesen Eindrücken gemeinsam war, das nach und nach in Törleß` Wahrnehmung gesickert war und nun mit einem Male beanspruchte, als *etwas Wirkliches, Lebendiges* behandelt zu werden; genau so *wie* vorhin die *Vorstellung der Unendlichkeit*«. [...]

»So lag Törleß und war ganz eingesponnen von *Erinnerungen,* aus denen wie *fremde Blüten seltsame Gedanken* wuchsen.« [...]

---

30 Robert Musil, *Die Verwirrungen des Zöglings Törleß,* Reinbek 1998, 87 ff. Folgende Zitate: 90, 92, Hervorhebungen von mir.

> »Er hatte das Bedürfnis, rastlos nach einer *Brücke*, einem Zu-
> sammenhange, einem *Vergleich* zu suchen – zwischen sich
> und dem, was *wortlos vor seinem Geiste stand.*
> Aber so oft er sich bei einem Gedanken beruhigt hatte, war
> wieder dieser unverständliche Einspruch da: *Du lügst.* Es war,
> als ob er eine *unaufhörliche Division* durchführen müßte, bei
> der immer wieder ein hartnäckiger *Rest* heraussprang, oder als
> ob er fiebernde Finger wundbemühte, um einen *endlosen
> Knoten* zu lösen [...] und die Erinnerungen wuchsen in unna-
> türlicher Verzerrung.«

Im Textauszug wird der unendliche Regress vom Erkennen des Erkennens und das vergebliche Bemühen des Fixierens in Wort und
Begriff ironisch und zugleich metaphorisch-anschaulich gestaltet.
Die sinnlichen und rationalen Hilfsmittel (Auge / Blick als Leiter /
Pfeile, Begriff der »Unendlichkeit«) zielen zu kurz, die Fülle der ge-
spürten Unendlichkeit bleibt als Gewissheit. Gefühlte Wirklichkeit,
die »Leiberkenntnis« der Sinnlichkeit des Protagonisten kann ausgesagt und vermittelt werden. Im Roman kann der Erzähler ironisch
seinen altklugen Jugendlichen kommentieren oder überladene Ver-
gleiche anstellen:

> »Der Himmel schwieg. Und Törleß fühlte, daß er unter die-
> sem unbewegten, stummen Gewölbe ganz alleine sei, er fühlte
> sich wie ein kleines lebendes Pünktchen unter dieser riesigen,
> durchsichtigen Leiche«.[31]

Und der Autor kann seinen Protagonisten im Gras den Kopf heben
lassen, um nachzusehen, ob sich »*denn wirklich alles verändert
habe*«[32] oder nur die Empfindung des Protagonisten beim Denken.
Musil hat mit der (von ihm auch so bezeichneten) »List« der Über-
einkunft auf den Sechzehnjährigen, den Protagonisten Törleß, elegant sein eigenes Evidenzproblem gelöst. Den Jugendlichen muss er
niemandem erklären, zudem kann er auf seine eigenen Beobachtungen und Forschungen zurückgreifen sowie das Universum der Fiktion und das der indirekten Aussageweise.

---

31 Ebd., 92.
32 Ebd., 93.

Dem späten Wittgenstein (dem der *Philosophischen Untersu-chungen*) bleibt nur, von sich auf »uns« zu schließen:

> »428. ›Der *Gedanke, dieses seltsame Wesen*‹ – aber er kommt uns nicht seltsam vor, wenn wir denken. *Der Gedanke kommt uns nicht geheimnisvoll vor, während wir denken*, sondern nur, wenn wir gleichsam retrospektiv sagen: ›Wie war das möglich?‹ Wie war es möglich, daß der Gedanke von diesem Gegenstand *selbst* handelte? Es scheint uns, als hätten wir mit ihm die Realität *eingefangen*.«[33]

Er bleibt vorsichtig. Der Wittgenstein des *Tractatus* dagegen hatte sich noch mit einer Art zweifacher Übersetzungshypothese geholfen, nach der der Schein der in Gedanken eingefangenen Realität in der Sprache aussagbar sei. Danach konnten Sätze der natürlichen Spra-che logisch in Ordnung sein[34] und dennoch den Gedanken verklei-den.[35]

Die Inanspruchnahmen der Sprache als Brücken- und Überset-zungsfunktion auf der einen und fiktionales Experimentierfeld für Möglichkeitsdenken aller Art bis zur metaphysischen Erzählung auf der anderen Seite dürfen aber nicht darüber hinwegtäuschen, dass das analytische und hermeneutische Decodierungsinstrumenarium des Lesers umso intensiver geschult sein muss, je mehr die Eindeu-tigkeit einer Aussage oder die Mehrdeutigkeit eines Spielraums selbst hergestellt, selbst erarbeitet werden müssen. Ohne die Hege und Pflege des gestaltenden und des verstehenden Sprachinstrumen-tariums in seinen Wahrheits- und Wirklichkeitsbezügen kann auch die Anschaulichkeit indirekten und bildhaften Aussagens nicht zu anschauender Erkenntnis verhelfen.

Vielleicht liegt hierin einer der Gründe für Platons Misstrauen gegenüber dem Einsatz der dichterischen Sprache und der Werke der zu seiner Zeit als Autoritäten anerkannter Dichter in Bildungs- und Erziehungsprozessen junger Menschen, wie es sich vor allem im *Ion* und im zweiten, dritten und zehnten Buch der *Politeia* mani-festiert: Wenn die Eigengesetzlichkeit der literarischen Aussagewei-

---

33  L. Wittgenstein, *Philosophische Untersuchungen*, 200.
34  L. Wittgenstein, *Tractatus logico-philosophicus*, 5.5563.
35  Ebd., 4.002. Vgl. J. Schröder, *Die Sprache des Denkens*, 43 ff.

se im weitesten Sinne, also von poetischen Formen über die Perspektivität von Figuren bis zum fiktional gerahmten Spiel mit möglichen Welten, mangels Übung noch nicht erkannt werden kann und wenn nicht lebensweltliche Realitätserfahrungen erworben worden sind, entbehren junge Menschen noch des Korrektivs, mit dem die prüfende Vernunft das poetisch konstruierte Bild der Welt als solches einschätzen könnte – ein Gedanke, der ganz maßgeblich die Medienkritik im Gefolge Neil Postmans bestimmt hat. Er hat ihn übertragen auf eine Art Ausgeliefertsein an eine verzerrende Sicht der Welt, die über die Massenmedien in Unterhaltungsfunktion in die Köpfe gefüllt wird. Platons *Sesamstraßen*[36]-Autoren wären dann vor allem Pindar, Homer und Herodot, sein »Serienheld Sokrates«[37] hingegen würde auf dem Marktplatz die Gegenoffensive starten für eine Erziehung, die Lebens-, Denk- und Spracherfahrung sowie Persönlichkeitsentwicklung zuließe.

## 2.  Anlage und Begründung eines Unterrichtsprojekts zu Platons *Politeia*

### 2.1  Platon zwischen Oralität, Literalität und Fiktionalität

Platons Dialoge werden historisch, aber leider auch formal und inhaltlich in der Regel zwischen den beiden Polen Oralität und Literalität verortet.[38] Daraus können sich (neben den vielen Missverständ-

---

36  Vor allem an diesem, uns heute eher harmlos vorkommenden, Beispiel entzündete sich seinerzeit Postmans Kritik am Medieneinsatz in Erziehungs- und Lehrfunktion.

37  Bezeichnung von Harald Fricke, der die Gegensätze von philosophischer und literarischer Aussageweise vor allem über die gegensätzliche Zielsetzung beider bestimmt, aber die Anregungseffekte literarischer Formen für das Philosophieren betont (Harald Fricke, »Kann man poetisch philosophieren?«, in: Gottfried Gabriel u. Christiane Schildknecht (Hg.), *Literarische Formen der Philosophie*, Stuttgart 1990, 36 ff.).

38  Angesichts der Fülle der Platon-Literatur mit ihren dezidierten Positionen zu den beiden Themen der dialogischen sowie der literarischen Form der Philosophie kann hier nur versucht werden, den auf Platon bezogenen Begründungskontext für die folgende Unterrichtsskizze zu umreißen. Für die allgemeineren

nissen, die die Platon-Rezeption zu diesem Thema begleiten) zwei Perspektiven ergeben: Zum einen, der sogenannten »ungeschriebenen Lehre« Platons an sich eine höhere Bedeutung zuzumessen und somit der schriftlich niedergelegten Form eine untergeordnete zuzuweisen, zum anderen, die Entscheidung Platons, seine Lehre nicht nur wie Sokrates den ausgewählten zeitgenössischen »Schülern«, sondern auch über die Schrift den unbekannten »Schülern« späterer Jahrhunderte anzuvertrauen, dahingehend zu bewerten, dass für Platon die Schriftlichkeit als Medium der Mündlichkeit ebenbürtig sei.

Zur ersten Perspektive: Hat Platon selbst ein »Primat der Mündlichkeit mit ihrer Personalität, der Langfristigkeit von Aneignungs- und Bildungsprozessen sowie der Rückkopplung und Kontrolle des Verstehens in der direkten Kommunikation« begründet und der persönlichen Rede »auf Grund ihres methodischen Vorrangs auch einen sachlichen Mehrgehalt«[39] zugesprochen? Dann müsste in der Tat, wie Hans Krämer folgert, in die Interpretation der Dialoge Platons diese andere, eventuell an der von ihm gegründeten Akademie tradierte, Lehre einbezogen werden oder zumindest, wenn man nicht eine »Geheimlehre« für exklusive Auserwählte daraus machen oder das Etikett der »ungeschriebenen Lehre« inflationär benutzen will,[40]

---

zugrunde liegenden Kontexte: Philosophie – Literatur sowie Sprache – Wirklichkeit vgl. oben Teil 1. Weiterführende Literatur zu Platon bei Christiane Schildknecht (*Philosophische Masken. Literarische Formen der Philosophie bei Platon, Descartes, Wolff und Lichtenberg*, Stuttgart 1990), Dorothea Frede (vgl. Fn. 54), Ekkehard Martens, (»Nachwort« zu: Platon, *Theätet*, Stuttgart 1999, 241-270) und den Sammelbänden von Gottfried Gabriel u. Christiane Schildknecht (Hg, *Literarische Formen der Philosophie*) und Otfried Höffe (*Platon. Politeia*, Berlin 1997).

39  Hans Krämer, »Die Idee des Guten. Sonnen- und Liniengleichnis«, in: O. Höffe (Hg.), *Platon. Politeia*, a.a.O., 180. Krämer weist anhand der »Ergänzungsbedürftigkeit« des Textes der Gleichnisse aus dem sechsten Buch der *Politeia* überzeugend nach, dass eine chronologische Abtrennung von der indirekten Überlieferung nicht sinnvoll ist. Seine über den Kontext versuchte Ergänzung der beiden schwierigen Gleichnisse erscheint mir sehr plausibel, die Funktionseinschränkung der Schriftlichkeit dagegen nicht.

40  Nicht-philologische Forschung und jede philosophische Position, die im Bemühen um propositionales Wissen die unvollständigen Sätze Platons meint ausfüllen zu müssen, ohne die Textsignale zu beachten, bewegt sich in diese Richtung, was nicht immer so plausibel erscheint wie die Deutung Krämers. Die

das Wissen um eine Leerstelle, die man eben nicht weiß, präsent bleiben. Dann würden der Schriftlichkeit, aber auch der damit verbundenen literarischen Form nur die Funktion des gespeicherten Stichwortgebers für die Wiederbelebung der im Gespräch oder jedenfalls mündlich im Lehrer-Schülerverhältnis tradierten eigentlichen Philosophie oder Lehre zugemessen. Platons *Politeia* als eine Art interaktives Vorlesungsskript für das Philosophieren in der Akademie mit der Intention, dem großen Meister selbst das Wiedererinnern zu ermöglichen? Eine Perspektive, die mir nicht plausibel erscheint.

Zur zweiten Perspektive: Warum macht sich ein Denker und Dialektiker vom Rang Platons die Mühe, in seine Schriftlichkeit den Formenreichtum dichterischer Sprache zu integrieren, und zwar sowohl analytisch als auch produktiv? Als Stichwortgeber für mündliche Vermittlungsprozesse, dialektische Methodik oder als Memo für das höhere, das besondere, nicht jedem Schüler zugänglich zu machende ungeschriebene Wissen eignen sich dicke Bücher ebensowenig wie indirekte Aussageweisen, Kopien von »Gespräche[n] unter Ungleichen«[41] oder redundante Beispielsammlungen. Sie halten den Lehrenden auf, wie jeder weiß. Sie können jedoch den Leser fesseln, der sich auf eine geistige (Bildungs-)Reise begibt, das Tempo und die Pausen selbst bestimmen will und sich nur vom Autor selbst an zu schnellem Fortschreiten hindern lassen muss. Und warum macht sich ein Theoretiker und Wissenschaftler vom Rang Platons diese Mühe, wenn er doch die Fallstricke der Medialität, der Literarizität und der Korrumpierbarkeit des Buchstabens, also der Literalität er-

---

*um*geschriebenen »ungeschriebenen Lehren« Platons von der Wahrheit, vom Guten, vom Sein, vom Wissen etc. sind unüberschaubar.

41  Titel eines grundlegenden Beitrags Thomas A. Szlezaks zur Struktur und Zielsetzung der platonischen Dialoge, der vor allem Platons Auseinandersetzung mit Oralität und Literalität im *Phaidros* in Beziehung zu den maßgeblichen anderen Stellen in den platonischen Dialogen setzt und Platons Warnungen vor den Gefahren der Schriftlichkeit zusammenhängend diskutiert, auch unter Einbezug des *7. Briefes* und der Erzählungen des Aristoxenos über Aristoteles Beobachtungen der didaktischen Fähigkeiten seines Lehrers Platons und des frustrierenden Rezeptionsverhaltens seiner Zuhörer (Thomas A. Szlezak, »Gespräche unter Ungleichen«, in: G. Gabriel u. C. Schildknecht (Hg.), *Literarische Formen der Philosophie*, a.a.O., 40-61).

kannt und durchschaut hat, wie seine differenzierte Auseinandersetzung mit diesen Themen zeigt? Das niedergeschriebene und zu einem »Werk« oder Buch gestaltete philosophische Denken als »Brief« an die späteren Philosophen? Eine zumindest überzeugendere Perspektive, auch wenn sie nicht beweisbar ist.

Den Gedanken der Möglichkeit einer »freundschaftsstiftenden Telekommunikation im Medium der Schrift« greift Peter Sloterdijk auf in seinem »Antwortschreiben zu Heideggers Brief über den Humanismus«,[42] der seinerseits die Idee des Buchs als »Brief an einen Freund« (in diesem Fall eher einen Bekannten) aufgegriffen hatte. Philosophie erscheint dann als »Kettenbrief« durch die Generationen von mehr als zweitausendfünfhundert Jahren mit der Fähigkeit, sich durch den Text »allen Kopierfehlern zum Trotz« Freunde zu machen. Die Grundidee ist weder von Sloterdijk oder Heidegger, noch ist sie neu: Sie begleitet die Diskussion um die Leistung der Schriftlichkeit für das Vermitteln von echtem Wissen mit ihrem Für und Wider von Anfang an und ist bereits in ihrer Ambivalenz in der Erzählung und Diskussion des »Mythos von Theut« in Platons *Phaidros* formuliert.[43]

Das unten skizzierte Unterrichtsprojekt nimmt sie sowohl thematisch auf, als auch für das Konzept, unterschiedliche Philosophen aus unterschiedlichen Jahrhunderten über die Rezeption von Platons Philosophie in die Gespräche der *Politeia* einzubeziehen.

Sloterdijk verfolgt die Idee im Kontext des Humanismus-Themas. Für unseren Kontext ist vor allem wichtig, wie das in der Schrift und über die Schrift vermittelte »tote Wissen« oder in Schein- und Halbwissen verfälschte Wissen in authentisches, erlebtes oder erfahrenes nicht-propositionales Wissen und letztlich in selbst erarbeitetes propositionales Wissen übergehen kann, kurz, um in der Anschaulichkeit des *Phaidros* zu bleiben, wie der richtige Sa-

---

42  Leider publiziert unter dem trotzig provokanten Titel *Regeln für den Menschenpark*, Frankfurt/M. 1999. Textzitate: 7), da die populärwissenschaftliche Publizistik sich einseitig und missverstehend auf die ebenfalls enthaltenen Überlegungen zu der These vom »Züchten des Menschen durch den Menschen« in Nietzsches *Also sprach Zarathustra* und Platons *Politeia* bezogen hat.

43  Platon, *Phaidros* 274 c–279 c.

men zur rechten Zeit, auch ohne die leibliche Hege- und Pflege-Prä-
senz des Säenden aufgehen und wachsen und sogar weitergegeben
werden kann, ohne dass er verzüchtet wird oder Unkraut dazwi-
schenkommt.

Platons deftige Ausfälle gegen alle Arten von rhapsodischen Ansprüchen auf universales Wissen und Können, gegen jede Ratgeber-
literatur von Gebrauchs- und methodischem Wissen, gegen das Spiel
mit der Erweckung von Emotionen, sei es für Einsichtszwecke (Tra-
gödie) oder für Unterhaltung (Komödie) scheint ja gerade darin begründet zu sein, dass er die Wirkmächtigkeit der gestaltenden Sprache und die Erkenntnismöglichkeit der Fiktion nicht nur erkannt hat,
sondern selbst nutzen wollte und zu diesem Zweck ihre Möglichkeiten und Grenzen studierte, um sie zu einem ihm gemäßen Einsatz
bringen zu können. Ob sich hier Entwicklungen nachweisen lassen
vom zuerst naiveren Umgang (kritisch-ironische, aber einseitige
Entlarvung im *Ion*) bis hin zum bewussteren Umgang (Auseinandersetzung mit dem Medialen in komplexer Grundsätzlichkeit im *Phaidros*, Theorie und Praxis des Gesamtkomplexes in der *Politeia*),
müsste eine genetische Betrachtung seiner Werke unter diesem Aspekt zutage fördern.

Zwar wird in der Forschungsliteratur erst bei Aristoteles von
einer Dichtungs*theorie* gesprochen, aber die in Platons Werk vorhandenen Überlegungen, die immer wieder konkrete empirische Be-
funde neben die über die Positionen der fiktiven Gesprächsteilnehmer aufgegriffenen Vorurteile und Meinungen stellen, lassen es gerechtfertigt erscheinen, Platon eine Schlüsselrolle zuzuweisen bei
dem Prozess, den Heinz Schlaffer die »Entstehung des Fiktionsbe-
wusstseins bei den Griechen«[44] nennt. Gestaltungsaspekte, Rezep-
tionsaspekte, Wahrheits- und Wirklichkeitsbezüge sowie die Probleme der Medialität werden für jede Gattung von den lyrischen und
epischen Kleinformen bis zu den großen Epen und Dramen und für
jede Art »Gebrauchstext« untersucht.

Für ein Unterrichtsvorhaben zu Platons *Politeia* erscheint mir
daher das Bestreben Szlezaks sehr einleuchtend, »Platon aus Platon
zu erklären« und ihn als »Schriftsteller [...] noch höher zu stellen als

---

44   Heinz Schlaffer, *Poesie und Wissen*, Frankfurt/M. 1999, 45 ff.

bisher«.[45] Für den Unterricht ergeben sich daraus (neben anderen, die hier nicht dargestellt werden können) vor allem zwei didaktische Perspektiven: die der theatralen Texteröffnung und die der Ganzschrift-Lektüre. Da beide im Verbund das unten skizzierte Unterrichtsvorhaben bestimmen, werden sie beide integriert behandelt und begründet.

## 2.2 Platons *Politeia* als die Historizität überwindendes ausgesagtes und inszeniertes Denken

Platons *Politeia* arbeitet mit einer Erzählerfigur, dem Ich-Erzähler Sokrates, der in dieser Eigenschaft zugleich der Wortführer aller Gespräche ist. Wie Musil seine »List«, mit dem Sensorium des Sechzehnjährigen die gestaltete philosophische Problematik zu »verschlichten«, niemandem erklären muss, muss auch Platon keine seiner Figuren erklären oder legitimieren, selbst die argumentativen Eigenwilligkeiten, die rhetorischen und ironischen Finessen oder die abwertenden Bemerkungen seines weisen »Serienhelden« Sokrates nicht: Figuren, Orte, Zeiten sind einfach da und mit ihnen alle ihre Fragen, Probleme und Eigenarten. Das Evidenzproblem entfällt auch hier: Der älteste »Trick« der Literatur. Wie bei Musil, so ist auch bei Platon die geheime Sympathie für den Protagonisten offensichtlich; dennoch sind die Protagonisten nicht ihr Sprachrohr. Abgesehen davon, dass man in der Figur des verwirrten Törleß das Gegenteil des klaren und höchstens die Kontrahenten (und die Rezipienten) verwirrenden Sokrates sehen könnte, gibt es auf dieser Ebene nichts mehr zu vergleichen: Das eine ist ein Jugendwerk, wenn auch ein die klassische Moderne genial einleitendes, das andere aber ist *die* Philosophie schlechthin.

Platons *Politeia* hat trotz ihres umfassenden epistemologischen Anspruchs der philosophischen Wissenschaften[46] der Zeit dennoch

---

45  T.A. Szlezak, »Gespräche unter Ungleichen«, 55, 56.

46  Otfried Höffe beginnt seine sehr klare und konzentrierte Einführung mit der Einschätzung der *Politeia* als eines Klassikers »fast aller philosophischen Disziplinen«, als einer Art »Enzyklopädie der philosophischen Wissenschaften«, die es schafft, alle Wissenbereiche einer Epoche in einen inneren Zusammen-

Werkcharakter mit handlungsbezogenem Beginn und Ende.[47] Die Vielfalt der Themen und Dialoge sind nicht nur über Sokrates und seine Argumentationen verknüpft, sondern auch über innere Strukturen und zahlreiche Situationsverweise, die mit den Reaktionen und mit den Befindlichkeiten der Gesprächsteilnehmer zusammenhängen. Eine Handlung ist erkennbar, vornehmlich eine Denk- und Sprachhandlung, aber mit Vorgriffen und Rückbezügen und retardierenden Momenten, die nicht nur argumentativer oder dialektischer Motivation geschuldet sind, sondern Charakter und Gefühle der Figuren einbeziehen;[48] ebenso ist eine Zeit- und Ortsstruktur angedeutet.

Das rechtfertigt nicht, das Werk auf eine Art dramatisierten Utopie- und Staatsroman mit universalistischen Begründungen oder als Bildungsroman einer umfassenden Gerechtigkeitsidee mit zugehöriger Erkenntnistheorie zu reduzieren. Es rechtfertigt aber umgekehrt, die bisher übliche Arbeit mit isolierten, unzusammenhängenden und damit entstellenden Textstellen abzulehnen und statt dessen die Lektüre als Ganzschrift[49] mit größeren Aussparungen anzulegen. Der Einführungscharakter des ersten Buches bliebe ebenso erhalten wie der Verweisungscharakter des zehnten. Außerdem könnten Schüler selbst produktiv aufklärend mit einigen der Missverständnisse und

---

hang zu bringen (Otfried Höffe, »Einführung in Platons *Politeia*«, in: ders., *Platon. Politeia*, a.a.O., 3).

47  Hans Krämer hält einen modernen »Begriff von autarker Literatur« für unangemessen. Seine Ansicht beruht aber vor allem auf dem angenommenen Primat der Mündlichkeit, nicht auf einem Ausschluss der literarischen Strukturen (H. Krämer, »Die Idee des Guten. Sonnen- und Liniengleichnis«, 180).

48  Am deutlichsten sichtbar an der Figur des Thrasymachos, die so viel psychologische Gestaltung bekommen hat, dass diese Textstellen in der Forschungsliteratur zeitweise als eigenständiger Dialog behandelt worden sind, was aber als widerlegt gilt.

49  Der Fachlehrplan Philosophie Sekundarstufe II in Nordrhein-Westfalen eröffnet diese Möglichkeit für die zwölfte Klasse als einem Halbjahresthema zugrunde liegende Ganzschrift. Diese Ganzschrift muss zudem gewährleisten können, dass die für jedes Halbjahresthema obligaten fünf Dimensionen des Philosophieunterrichts (die erkenntnis- und wissenschaftstheoretische, die sittlich-praktische, die ontologisch-metaphysische, geschichtlich-gesellschaftliche und kulturelle und schließlich die wiederum auf alle anderen zu beziehende methodische) erreicht werden können.

zwielichtigen Konnotationen arbeiten, die vielen der Texthäppchen[50] und Zitate anhaften, die Schüler aus dem Alltag, aber auch aus schlecht angelegtem Einführungs-Unterricht zuweilen mitbringen (z.B. durch kontextlose Lektüre der ersten Station des Höhlengleichnisses, durch Isolierung des Satzes vom Philosophenkönigtum, durch Gleichsetzung des Wächterstaates mit mittelalterlichem Feudalstaat und Standesgesellschaften, etc.).[51]

Und auch Fragen wie diese, ob man Platon nicht doch als ältesten einer längeren Kette von Feinden einer »offenen Gesellschaft« (Popper) sehen müsse oder ob und wie man Sätze mit Symbolcharakter wie »Jedem das Seine« vor zynischen Pervertierungen und Umdeutungen von größtmöglicher Gerechtigkeit in vernichtende Ungerechtigkeit (als Inschrift am Tor eines NS-Vernichtungslagers) bewahren könne, fänden dann die Basis, von der aus sie überhaupt sinnvollerweise diskutiert werden könnten. Gespür zu wecken für die simple Tatsache, dass jedes vermittelte Denken instrumentalisiert und missbraucht werden kann, ist ein übergeordnetes Lehrziel, das über den gesamten Zeitraum der *Politeia*-Lektüre verfolgt werden sollte und immer wieder, ausgehend von Vorverständnissen der Schüler, intensiviert werden kann. Unterstützt wird dieses Anliegen durch die Thematisierung des Medialen im oben begründeten Sinne über die im 7. *Brief*[52] formulierten Bedenken Platons vor den Folgen zu frühen, falschen oder schlecht vorbereiteten Lesens und Rezipierens oder den entsprechenden Textstellen aus dem *Phaidros*[53]

---

50 Auch wenn zum Teil längere Textstellen in Lehrbüchern angeboten werden, so werden sie doch stets in Themen- oder Methoden gebundenen Kontexten isoliert und die Tatsache, dass in der *Politeia* die politische Philosophie auf *alle* systematischen Gebiete der Philosophie bezogen wird, bleibt verborgen, dabei ist gerade dies die aufregendste und aktuellste Erkenntnis der *Politeia*-Lektüre.

51 Wie man dagegen mit einfachen Verknüpfungen sinnvoll einen größeren thematischen Zusammenhang eröffnen und zugleich auf einen methodischen Schwerpunkt fokussieren kann, zeigt Gerhard Heim in seinem Einführungsbeispiel in sokratische Widerlegungskunst (Gerhard Heim, »Schon mal von Sokrates gehört …?«, in: *Zeitschrift für Didaktik der Philosophie und Ethik* 25, Heft 3, 2003, 241-253).

52 Thomas A. Szlezak hält den Brief für echt und bezieht ihn in seine Argumentation ein (T.A. Szlezak, »Gespräche unter Ungleichen«, 42 ff.).

53 Platon, *Phaidros* 275 a-b.

über die Scheinweisheit oder denen aus der *Politeia*, in denen das Curriculum der Philosophenausbildung begründet wird.[54] Sinnvolles Infragestellen und ökonomischer Einsatz von Überprüfungstechniken sollten einbezogen werden, also eine Art wissenschaftspropädeutisches Arbeiten am Text und Kontext.

## 2.3 Organisation des Unterrichtsprojektes

Obige Zielsetzung stellt den Unterricht allerdings vor das Problem, dass einer theatralen[55] Texteröffnung, zu der das erste Buch der *Politeia* geradezu einlädt, ein zweites Verfahren an die Seite gestellt werden sollte, das zwar ein rudimentäres Instrumentarium der philologischen Literaturwissenschaft benutzen, dies aber keinesfalls zum Selbstzweck machen sollte. Es soll gewährleisten, dass mehrere Textausgaben bzw. Übersetzungen parallel benutzt werden[56] und

---

54  Platon, *Politeia* 535 a ff. Vgl. hierzu vor allem Dorothea Frede, »Das Philosophiecurriculum in Platons Staat«, in: Johannes Rohbeck (Hg.), Ethisch-philosophische Basiskompetenz, Dresden 2004 (Jahrbuch für Didaktik der Philosophie und Ethik, 5).

55  Begriff nicht im Sinne der aktuellen kulturwissenschaftlichen Körper-/Leiblichkeits-Diskussion, sondern als Erweiterung eines interessanten und ergiebigen philosophiedidaktischen Konzepts von Christian Gefert (*Didaktik theatralen Philosophierens*, Dresden 2002).

56  Geeignet erscheint mir die Reclam-Ausgabe der *Politeia* von Karl Vretzka (Stuttgart 1999), die mit exzessiven Anmerkungen, Inhaltsübersicht und Registern zu Namen und Sachen auch für die besten Schüler viel mehr bietet, als auch hartnäckigste Rechercheure ausschöpfen können (Zitate nach dieser Ausgabe). In der kritischen Sichtung der Platon-Ausgaben von Jörg Pannier (in: *Information Philosophie* 5 (2002) 34-48) kommt sie gut weg. Sie hat allerdings nicht den Vorteil der Zwischenüberschriften (wie bei den Ausgaben bei Rowohlt und Meiner; ebenso fehlen die Anfangsbuchstaben der Namen der Gesprächsteilnehmer, was das Lesen erschwert). Einige meiner Schüler brachten Bd. 5 der alten oder Bd. 2 der neuen Rowohlt-Ausgaben mit, die auf der Schleiermacher-Übersetzung beruhen. Ganz selten werden eine alte Kröner-Ausgabe oder eine der Auflagen der Apelt-Übersetzungen aus dem Meiner-Verlag mitgebracht. Hier sollte man die Schüler auch gewähren lassen, textanalytisch relevante Stellen durch Kopien abdecken, aus Übersetzungsdifferenzen Fragestellungen entwickeln und das *Wörterbuch der antiken Philosophie* (hg. v. Christoph Horn u. Christof Rapp, München 2002) in einen »Kurs-Apparat«

textanalytische Verfahren aus dem Deutschunterricht zum Einsatz kommen können.

Um sich in dem feindlichen Textbandwurm, den jede Ganzschrift für Schüler auf den ersten Blick darstellt, orientieren zu können, benötigen sie zunächst einmal äußerliche Einteilungen, Strukturierungshilfen, Aufbauskizzen und Erklärungen. Auch diese sollen nicht zum Selbstzweck werden, sondern strikt den Intentionen eines Szenen-Skripts und nicht philologischen Ansprüchen unterstellt werden.

Diese Strukturskizzen sollten von Anfang an bereitgehalten werden und sich auf zweierlei beziehen: Erstens auf ein Kapitel aus der Überlieferungsgeschichte: Die Art der Textpräsentation in zehn Büchern, die keine thematische, dramatische oder innere Struktur repräsentieren mit der Stephanuszählung am Rand, eine Art (formalen) Enjambements in Buchform.[57] Zweitens auf eine Verzahnung von innerer und äußerer Struktur. Letztere sollte als großer Rahmen mit Lücken konzipiert werden, in den im Laufe des Halbjahres thematisch oder curricular bedingte Schwerpunkte, Argumentationsskizzen und behandelte Textauszüge anderer Philosophen, philosophisch-systematische Verknüpfungsstellen der unterschiedlichen Wissensbereiche der *Politeia* (z.B. Gerechtigkeit im Staat mit Erziehung; Erziehung und Erkenntnis; Idee des Guten mit Idee der Gerechtigkeit; Medien und Dichtung und Wahrheit mit Erziehung) sowie die Auftritte der bei Platon vorhandenen philosophischen Gesprächsteilnehmer (z.B. Kephalos, Polemarchos, Thrasymachos) eingetragen werden.

Die vorbereiteten Aussparungen sollen weiterhin Raum bieten für den Auftritt von im Unterricht neu hinzugekommenen Gesprächspartnern[58] im Sinne der oben skizzierten über die Schrift

---

stellen, wenn wirklich einmal eine Kursbesetzung zustande kommt, die für Facharbeiten oder besondere Lernleistung mehr benötigt als eine Lese-Ausgabe mit Stephanus-Zählung, diese ist allerdings unverzichtbar.

57 Platon, *Politeia*, Stuttgart 1999. Die Übersichten aus der Einleitung von Karl Vretzka (ebd., 45-47) können als Grundlage dienen.

58 Die jeweiligen Texte und Kontexte zu beschreiben und zu begründen, ist im Rahmen dieses Beitrags nicht möglich. Um Anregung für den möglichen Einsatz zu geben, wird aber jeweils ein (Sprach-) Handlungszusammenhang über ein Stichwort bzw Thema angedeutet.

vermittelten Kommunikation durch die Jahrhunderte: z.B. zu Beginn
Hannah Arendt mit der Forderung einer *Gesprächskultur im Sinne
Lessings* und Habermas mit der Forderung eines *herrschaftsfreien
Dialogs*, sodann Rawls mit der Forderung nach *Verteilungsgerech-
tigkeit*, Popper mit seinem *Technokratie-Vorwurf*, Hobbes, der erklären soll, wie das berühmteste Frontispiz der Philosophiegeschichte auf sein Buch (*Leviathan*)[59] gekommen ist und was das Symbol
mit seiner Vorstellung von Herrschaft im Staat zu tun hat, Kant mit
seiner *Kritik am Philosophenkönigtum*, Heidegger, der sich mit Sokrates alleine, von Pädagoge zu Pädagoge über die fachgerechte Be-
gleitung der Schüler bei den *»Kehren«, »Wenden«, »Umlenkungen«*
(Höhlengleichnis) und den Übergängen von Dunkelheit ins Licht
und umgekehrt unterhalten will, Habermas und Ratzinger, die angesichts des unzeitgemäßen Ausgangs der *Politeia* und aktueller *Got-
tesstaatsideen* neu über die *Funktion der Religion im Staat*[60] nachdenken wollen, etc.
Unter Fächer übergreifender Perspektive könnten weitere im Unterricht herangezogene Gesprächsteilnehmer und Experten auftreten:
z.B. ein evangelischer Pastor als Erziehungsexperte, der nicht erkannt werden will, wenn er Goethes *Werther* als »Lockspeise des
Satans« diffamiert, die nicht in die Hand von Jugendlichen gehöre,
oder der junge und der alte Goethe als Experte zu den Themen *Freiheit und Selbstverwirklichung* und *Kunst und Erziehung*, ein Surrea-
list zum Thema *Provokation durch Kunst*, Neil Postman mit einem
Gutachten zur *Gefährdung der Demokratie durch den Missbrauch
der Massenmedien* vor allem des Fernsehens, Sloterdijk zu einer Art
*Bevölkerungspolitik* unter der Frage: Ist Platon Schuld am Fortgang
des Züchtungsgedankens in humanistischer Absicht?, Spaemann zur
Gen-Ethik und zum *Personbegriff*.

---

59  Zur Arbeit mit der Differenz zwischen Bild und Text des Leviathan-Symbols
    vgl. Johannes Rohbeck, »Begriff, Beispiel, Modell. Zur Arbeit mit philosophi-
    schen Texten anhand des ›Leviathan‹ von Thomas Hobbes«, in: *Zeitschrift für
    Didaktik der Philosophie* 7, Heft 1 (1985), 26-42.
60  Einen Kurzkommentar über ein real statt gefundenes Treffen mit Literaturanga-
    ben zur Diskussion in den Medien bietet Herbert Schnädelbach, »Habermas in
    der Höhle des Löwen«, in: *Information Philosophie* 2 (2004), 129-131.

Marie-Ange Guilleminot, *Emotion contenue* (1995)[61]

Je nach Akzentuierung der *Politeia*-Lektüre können ebenfalls literarische Verknüpfungsstellen als Formen der Anschaulichkeit und des besonderen Bemühens um Genauigkeit bei der Vermittlung mit aufgenommen werden: z.B. Gerechtigkeit – Staat über einen Vergleich im zweiten Buch, die drei Wogen als Diskursmodelle; Gleichnisse in erkenntnistheoretischer Funktion in Buch sechs und sieben, narrativ-fiktionaler Paradiesentwurf im zehnten Buch, parabolische Aussagen in den verschiedenen Staatsmodellen des schlanken, üppigen,

---

61  Aus: Detlef B. Linke, *Kunst und Gehirn. Die Eroberung des Unsichtbaren*, a.a.O., 202. »In dieser Höhle leben sie von Kindheit, gefesselt an Schenkeln und Nacken, so daß sie dort bleiben müssen und nur gegen vorwärts schauen […]« Platon, *Politeia* 514 a.

kranken Staats, der unterschiedlichen Gesellschafts- und Herr-schaftsformen).

Beide Skizzen können als Kopie ausgehändigt werden, wobei die zweite, wie oben beschrieben, sich je nach Schwerpunktsetzung des Unterrichts erst füllen muss. Sie sollte ein Pendant als Plakat-wand im Unterrichtsraum erhalten und sich als mehrfarbiges *Netz-werk* entwickeln können, d.h. die Vergabe von Farben und Zeichen muss der Lehrende vorbedacht haben, um Doppelvergaben zu ver-meiden. Schüler können sowohl im Unterricht als auch über Proto-kolle und nachbereitende Hausaufgaben daran arbeiten. Diese Vor-gehensweise bietet den Vorteil, dass jederzeit jeder Zusammenhang allen Kursbeteiligten präsent ist und die szenischen und dialogischen Handlungsprozesse des theatralen Umgangs mit dem Text eine fi-xierte Anbindung erhalten. Da die technische Umsetzung von der Ausstattung der jeweiligen Schule abhängt, müssen diese Stichworte genügen.

Im Folgenden erläutere ich die beiden didaktischen Perspektiven der Ganzschriftlektüre und der theatralen Texteröffnung anhand zweier exemplarisch gemeinter Hinweise zu angemessener methodi-scher bzw. verfahrenstechnischer Erschließungs-Keinarbeit:

## 2.4  Erlesender Übergang zur Textanalyse

Ziel ist es, die Eigengesetzlichkeit der literarischen Gestaltung selbstständig erkennen zu können und damit die exemplarische Ar-gumentationsanalyse vorzubereiten: Der narrative Einstieg im harm-losen Plauderton, mit dem Ich-Erzähler Sokrates die Leser vom Frühsommerfest am Hafen gemächlich und dennoch zielgerichtet ins Haus des Polemarchos' mitnimmt und in Personen, Themen, Um-gangsformen und Rhetorik der ersten Gesprächsrunden einführt, sollte nicht als unphilosophisch weggelassen werden, sondern unge-kürzt gelesen werden. Die Unterhaltung der altersgemischten Runde könnte zunächst auch in jeder Talk-Runde von heute so ablaufen, in so alltäglicher und seichter Verkleidung kommen die großen The-men zunächst daher, etwa die unvermeidlichen Fragen, ob Alter be-schwerlich sei, ob die Lust im Alter schwinde, ob Reichtum ein gu-tes Leben erleichtere; die Vertraulichkeit teilt sich den Schülern mit, aber auch Sokrates' erste kleine Provokationen[62] werden bemerkt. Sein Wunschgesprächspartner, der würdige alte Herr, Kephalos, unterläuft sie indessen elegant. Sokrates muss sich anhören, wie Kephalos seine Vertrautheit mit den größten Dichtern der Zeit ausspielt, sogar Pindar preist und so viel Zustimmung findet, dass er, Sokrates, bei einer Gegenrede sofort sein Publikum verlöre.

Den Schülern teilt sich die untergründige Spannung mit (»da muss er nun durch«), die sich an der Stelle in Gelächter entlädt, wo Sokrates, der in üblicher Engführung die erste Frage nach der Gerechtigkeit dialogfähig machen will und dafür freigiebig Lob verteilt hat, aber statt der Bereitschaft auch jenseits des *small talks* mitzudiskutieren, Widerspruch erntet und den umgehenden Verlust des Gesprächspartners, Kephalos. Den Schülern ist klar (»Kephalos hat sich mit einer selbst von Sokrates nicht zu widerlegenden Entschuldigung verdrückt«; »dieser Sokrates ist ihm zu anstrengend«): es wird auch für sie anstrengend werden, aber sie finden an der inhärenten Gewitztheit des geistigen Schlagabtauschs großes Vergnügen. Die anschließende erste Textanalyse der ironisch-sportlichen Spielchen, mit denen Sokrates die »Erben des Gesprächs« über Evidenzen[63] oder Analogien[64] in die Irre führt, wird als amüsant und motivierend erlebt (z.B.: »Also ist die Gerechtigkeit nach dir, Homer und Simonides eine Kunst des Diebstahls, [...]«[65]). Die Eigengesetzlichkeit von Ironie und Rhetorik ist durchschaut, bevor es mit Thrasymachos' lebensvollem Auftritt so richtig losgeht.

Das Verhältnis von diskursiver und dichterischer Sprache kann ebenfalls bereits zu Beginn am Beispiel des von Sokrates als »Rätselwort« des Simonides charakterisierten Satzes beleuchtet werden (»Gerecht sei es, jedem das abzustatten, was ihm gebühre, dies Gebührende aber nannte er Schuld.«[66]). Mit Sokrates Gesprächsführung erkennen die Schüler den semantischen Spielraum von Begriffen, die auf verblassten Metaphern beruhen. Ziel solcher kleineren analytischen Übungen ist es, Schülern in den Spielräumen des

---

62  Platon, *Politeia* 329 e-330 d.
63  Ebd., 332 e.
64  Ebd., 335 b.
65  Ebd., 334 b.
66  Ebd., 332 c.

Sprachbildbereichs Orientierung zu geben, damit sie die Anschaulichkeit der indirekten Aussageweise ausloten können. Den Handlungsaspekt einer Textstelle, die mit Personifikationen arbeitet (der Gerechtigkeit helfen, »ihr beizuspringen«[67]), mitzubekommen, ist elementar wichtig für das Verstehen des Kontextes einer der wirkmächtigsten Verknüpfungen im zweiten Buch der *Politeia,* die über Vergleich und Analogie die Untersuchung der Gerechtigkeit und den Denkentwurf eines Staates miteinander verknüpft.[68] Mit der Fokussierung auf Erlesen und Analysieren von rhetorischen und poetischen Formen wird gewährleistet, dass solche Stellen nicht überlesen werden, was man nicht von allen Philosophen angesichts der Missverstehensgeschichte im Gefolge Poppers sagen kann.

## 2.5 Theatrale Entfaltung

Ziel ist es hier, den Zeige- und Beispielcharakter von argumentativen Sprachhandlungen deutlich zu machen und den Prozesscharakter des Philosophierens freizulegen: »Können nicht-sprachliche Handlungen Argumente sein?« Mit dieser Frage betitelt Michael Hauskeller[69] seine Untersuchung von Argumentationsmustern von sehr unterschiedlichen Philosophen und legt den hinter der rationalen Seite sichtbar werdenden psychisch-physischen Kraftakt des Überzeugens und Einsehens frei. Der Einbezug dieser anderen Seite des Philosophierens ist von höchstem Interesse für unser Projekt, denn der bei Platon auch im nicht-sprachlichen Teil des dialogischen und dramatischen Handelns angelegte Argumentationscharakter kann so sichtbar gemacht werden.

Schon bei Sokrates ist der nichtsprachliche Anteil unterschiedlich intensiv ausgeführt: Während die Gestaltung des Dialogpartners Kephalos sich eher der erlesenden Textanalyse öffnet, ist dies bei der Thrasymachos-Figur nicht so, denn hier wird alles eingesetzt, was einer Figur mimisch, gestisch, überhaupt physisch zur Verfü-

---

67  Ebd., 368 c.
68  Ebd., 368 d-369 b
69  Michael Hauskeller, »Können nicht-sprachliche Handlungen Argumente sein?«, in: *Allgemeine Zeitschrift für Philosophie* 28:2 (2003), 125-145.

gung steht. Sein Auftritt wird von Sokrates komödienreif inszeniert, inklusive der »Bekehrungen«. Auch wenn Kephalos' Haltung, sich zu entziehen, deutlich erkannt werden kann, so bleibt das darin liegende Argument aber unbestimmt (es könnte lauten: Simonides hat doch Recht, weil …). Thrasymachos Haltung wird dagegen überdeutlich. Mit seiner Gestaltung fängt Ich-Erzähler Sokrates auch das Atmosphärische der zeitgenössischen Erfahrung junger Leute (z.B. »Ungerechtigkeit ist geil«) ein. Dem argumentativen Gesamtkomplex, also sprachlicher und nicht-sprachlicher Anteil, dieser ersten kraftvollen Gegenposition, die Thrasymachos einbringt, ist nur dann beizukommen, wenn der demonstrative Anteil von Sokrates' Überzeugungsversuch und Thrasymachos' vorschneller Richtungsänderung auch physisch demonstriert wird.

Für die Gestaltung der über das Halbjahresthema *Politische Philosophie* neu hinzukommenden Gesprächspartner ergeben sich daraus mehrere Forderungen: Konzentration auf höchstens drei oder vier, Anlage von Rollenbiographien, Auswahl wirkmächtiger Positionen oder Stellungnahmen zu Fragen, die in Platons *Politeia* aufgeworfen werden. Zur zweiten Forderung: Um den nicht-sprachlichen Anteil der Sprachhandlung zur Geltung zu bringen, werden Eigenschaften und Intentionen benötigt. Das heißt, dass die Schüler den Auftrag bekommen, nicht nur Textauszüge zu lesen, sondern zu einem ausgewählten Philosophen auch dessen reale Biographie hinzuzuziehen, um einen Eindruck seiner (geistigen) Herkunft und Absichten und von prägenden Ereignissen aus seiner erinnerungsfähigen Zeit bekommen. Diese Daten sollen als eine Art Regieanweisungen den Gestus des Argumentierens bestimmen.

Eine *Verbindung* beider didaktischer Perspektiven könnte z.B. mit Gesprächspartner Heidegger gelingen. Sein anschaulicher Nachvollzug des *Höhlengleichnisses*, der in der Verbindung von »Paideia« und »Wahrheit« gipfelt,[70] könnte, als Folge mehrerer nachfragender Interviews (am Kaminofen) an Sokrates angelegt, Sinn, Zweck und Anlage einer Bildungspolitik in ihrer existentiellen Bedeutung für die Ausübung von Herrschaft im Staat sinnfällig machen.

---

70  Martin Heidegger, *Platons Lehre von der Wahrheit*, Bern [3]1975.

Hier könnten sich die Schüler, z.B. anhand eines Textauszugs,[71] mit Heideggers Deutung des Paideia-Begriffs bei Platon auseinandersetzen und die Bedeutungen der »Umwendung des Blickes«,[72] der Übergänge ins Licht und wieder zurück ins Dunkel, der »Umwendung des ganzen Menschen im Sinne der eingewöhnenden Versetzung«[73] begreifen. Die leib-seelische Einheit von Erkenntnis- und Einsichtsprozessen wird deutlich und damit letztendlich, dass Persönlichkeitsbildung ein lebenslanger Bildungsprozess ist, dessen »Wende«punkte, »Umkehrungen« und Übergänge sorgfältig von Wissenden begleitet werden sollten und dass man Einsicht nicht herstellen oder abstimmen kann, sondern sich erarbeiten muss.

Wenn heutige Bildungspolitik glaubt, solche Prozesse mit uniformer Abrichtung und minimalem Einsatz beliebig herstellen zu können, verspielt sie die Zukunft: Eine aktuelle Botschaft aus Platons Höhle.[74]

---

71  Ebd., 19-31.
72  Ebd., 21.
73  Ebd., 25.
74  Weitere interessante Erschließungen anderer Positionen aus der abendländischen Geistesgeschichte unter für den Unterrichtenden wichtigen Sachaspekten bieten z.B. Hans Blumenberg (etwa *Die Lesbarkeit der Welt*, Frankfurt/M. 1981), Umberto Eco (*Kant und das Schnabeltier*), Manfred Geier (*Das Sprachspiel der Philosophen*), Susanne Nordhofen (für Cassirer und Derrida: *Literatur und symbolische Form*, Hannover 2003), Christiane Schildknecht (Platon, Descartes, Wolff, Lichtenberg: *Philosophische Masken. Literarische Formen der Philosophie bei Platon, Descartes, Wolff und Lichtenberg*), Heinz Schlaffer (*Poesie und Wissen*), Uwe Steiner (Allegorie, Metapher, Leibniz, Lessing: *Poetische Theodizee*, München 2000), Michael Theunissen (für Heidegger: »Heideggers Antike«, in: Bernd Seidensticker u. Martin Vöhler (Hg.), *Urgeschichten der Moderne*, Stuttgart, Weimar 2001) sowie der Sammelband von Gottfried Gabriel und Christiane Schildknecht (*Literarische Formen der Philosophie*) zur literarischen Formensprache der Philosophie allgemein und Vanessa Albus zur Metapher speziell (zu Leibniz, Wolff, Vico Herder: *Weltbild und Metapher. Untersuchungen zur Philosophie im 18. Jahrhundert*, Würzburg 2001). Diese Darstellung folgt bewusst nicht der in der aktuellen philosophischen Diskussion zum Thema vorherrschenden Verengung auf die Frage, ob es in Wissenschaft und Philosophie nicht-propositionale Erkenntnis geben könne. Auch ohne einer dekonstruktivistischen Position verfallen zu sein, ist mir diese Frage zu öde und zudem durch den Kanon der großen klassisch gewordenen Werke längst beantwortet.

Christian Gefert

# Philosophieren als *embodiment* – Zur Relevanz verkörperten Gebrauchswissens in philosophischen Bildungsprozessen

Beim Nachdenken über eine Verbindung zwischen Theater und Philosophie assoziiert man zunächst leicht Philosophen wie Sartre und Camus, die es verstanden, ihre Philosophie mit Hilfe von Theaterstücken zu »transportieren«.[1] Diese Verbindung zwischen Theater und Philosophie ist jedoch im Folgenden nicht gemeint. Es geht vielmehr um die Frage, inwiefern das Philosophieren *selbst* als Erarbeitungsprozess theatraler Formen zu gestalten ist: Das *theatrale Philosophieren*[2] beinhaltet nämlich neben dem argumentativ-diskursiven Gespräch (über einen philosophischen Text) auch einen präsentativ-theatralen Anteil.[3] Es ist ein philosophiedidaktisches Verfahren zur Eröffnung philosophischer Texte mit angemessenen prä-

---

1    Erinnert sei etwa an Sartres *Geschlossene Gesellschaft* oder an Camus' *Belagerungszustand*, in denen das existenzialistische Menschenbild der Autoren entfaltet wird.

2    Vgl. dazu genauer Christian Gefert, *Didaktik theatralen Philosophierens. Untersuchungen zum Zusammenspiel argumentativ-diskursiver und theatral-präsentativer Verfahren bei der Texteröffnung in philosophischen Bildungsprozessen*, Dresden 2002.

3    Zur Differenzierung zwischen diskursiven und präsentativen Formen vgl. Susanne K. Langer, *Philosophie auf neuem Wege. Das Symbol im Denken, im Ritus und in der Kunst*, Mittenwald ²1979, 86-108.

sentativ-theatralen Ausdrucksform, also *Körperbildern*.[4] Die Deutung dieses Textes wird hier als *Performance* dargestellt – d.h. thea-
tral-experimentell *verkörpert*.

Diese Arbeit an theatralen Verkörperungsformen in philosophischen Bildungsprozessen konkretisiert das von Peter Heintel bzw.
Thomas H. Macho innerhalb der fachdidaktischen Diskussion bereits vor geraumer Zeit postulierte, aber seitdem selten methodisch
realisierte »Prinzip der Verkörperung«: Unter *Verkörperung* verstehen Heintel und Macho, dass »Person und Sache in einen Prozess
verwickelt werden, in dem Theorie und Praxis ihre strikten Abgrenzungen verlieren, Leben und Denken einander näherkommen könnten, ohne jemals aufeinander reduziert werden zu müssen«.[5] Im
Rahmen einer *Didaktik theatralen Philosophierens* wird dieser Ver-
mittlungsprozess von Person und Sache, Theorie und Praxis sowie
Leben und Denken nun in einer spezifischen Weise, nämlich als experimentell gestalteter Erarbeitungsprozess angemessener theatraler
Verkörperungen der Bedeutung philosophischer Texte verstanden.

Um dieses Verfahrens besser zu verstehen, werde ich im Folgenden (1.) darlegen, welche Vorstellung theatral-philosophischer Verkörperung für diese Arbeitsweise an philosophischen Texten rele-
vant ist. Dann werde ich (2.) ausführen, wie diese Verkörperungsform – die ich im Nachstehenden als *embodiment* bezeichne – innerhalb eines Bildungsprozesses methodisch-konkret initiiert werden
kann. Anschließend werde ich (3.) – mit Bezug auf Platon – erläutern, inwiefern das auf diese Weise verkörperte Wissen eine philosophische Relevanz als Gebrauchswissen besitzt, und aufzeigen,
warum das *theatrale Philosophieren* eine problematische rationale
Engführung philosophischer Diskurse – als Konsequenz eines »propositionalen Midas-Effekts« – vermeidet und damit eine methodische Alternative zu konventionellen Formen des Philosophierens
darstellt.

---

4    Vgl. Hans-Thies Lehmann, *Postdramatisches Theater*, Frankfurt/M. 1999,
     371 ff.
5    Peter Heintel u. Thomas H. Macho, »Fachdidaktik Philosophie: Voraussetzun-
     gen und Konsequenzen«, in: Wulff D. Rehfus u. Horst Becker, *Handbuch des
     Philosophieunterrichts*, Düsseldorf 1986, 72.

# 1. Verkörperung als *embodiment*

Eine *Didaktik theatralen Philosophierens* setzt voraus, dass sich die oben in Anlehnung an Heintel und Macho formulierte *philosophische* Verkörperung überhaupt als *theatrale* Verkörperung verstehen lässt. Um diese Voraussetzung zu begründen, bedarf es zunächst der Erörterung eines zeitgemäßen Verständnisses theatraler Verkörperung. Wegweisend sind in diesem Zusammenhang die Ausführungen der Theaterwissenschaftlerin Erika Fischer-Lichte: Sie beschreibt im Rahmen einer *Ästhetik des Performativen* die Entwicklung vom »klassischen« Konzept der psychologisch-realistischen Verkörperung zum Konzept der performativen Verkörperung als *embodiment*.[6] Dieses Embodiment-Konzept begründet den Anspruch einer *Didaktik theatralen Philosophierens*, mit dem Arbeitsprozess an theatralen Verkörperung auch das Philosophieren zu initiieren. Um dieses Konzept zu verstehen, gilt es, sich zunächst einer zentralen Verschiebung im Verständnis theatraler Verkörperung bewusst zu werden, die es erst rechtfertigt, die Arbeit an performativ-theatralen Ausdrucksformen als philosophische Tätigkeit zu begreifen.

## 1.1 Das psychologisch-realistische Verkörperungskonzept

Im psychologisch-realistischen Verständnis des Theaters war der Körper des Schauspielers seit Ende des achtzehnten Jahrhunderts lediglich Zeichenträger für eine (vermeintlich) feststehende Bedeutung des dramatischen Textes: Der Schauspieler sollte eine Figur »verkörpern«, d.h. die »Schauspielkunst sollte in ihrer Performativität nicht neue, eigene Bedeutungen erzeugen, sondern die vom Dichter ge-/erfundenen und in seinem Text niedergelegten lediglich zum Ausdruck bringen.«[7] Die Deutungskompetenz des Schauspielers, d.h. seine eigenen Möglichkeiten aufgrund seiner physischen und kognitiven Disposition Bedeutungen zu artikulieren und den Text so performativ zu *deuten*, sollte nach Möglichkeit einge-

---

6   Erika Fischer-Lichte, *Ästhetik des Performativen*, Frankfurt/M. 2004, 131.
7   Ebd.

schränkt werden, um die Intention des Dichters bzw. Autors auf der
Bühne darzustellen. In diesem Sinne bestand die Aufgabe des Darstellers darin, die Charakterzüge der »*dramatis personae* [...] an und
mit seinem Körper zum Ausdruck zu bringen« und damit die »Intention« des Autors zu verkörpern, d.h. sein eigenes »leibliches In-
der-Welt-Sein [...] auf der Bühne zum Verschwinden zu bringen«[8]
und seine spezifische Deutungskompetenz des Textes in den Hintergrund zu stellen: »Die Bedeutungen, die der Dichter im Text zum
Ausdruck gebracht hatte, sollten im Leib des Schauspielers einen
neuen sinnlich wahrnehmbaren Ausdruck finden, in dem alles aus-
gelöscht bzw. zum Verschwinden gebracht war, was nicht der
Übermittlung dieser Bedeutungen diente, was sie affizierte, verfälschen, beschmutzen, kontaminieren oder in sonst einer Weise be-
einträchtigen könnte.«[9]

Dieses »Verschwinden« in der Rolle ermöglichte dem Darsteller
kein Philosophieren über die Bedeutung des (gespielten) Textes –
versteht man unter *Philosophieren* gemäß eines symboltheoretischen
Paradigmas[10] den iterativen und unabgeschlossenen Prozess des
Deutens von Deutungen, durch den Menschen immer bessere, weiter
reichende Deutungen entwickeln.[11] Vorausgesetzt, dass es überhaupt möglich ist, dass der Darsteller in einer Rolle »verschwindet«
und die Gedanken des Autors lediglich abbildet, wäre die Arbeit an
theatralen Formen im psychologisch-realistischen Verständnis lediglich der Versuch, eine vorgefundene Bedeutung (eine »Intention«)
möglichst präzise nachzuahmen. Eine *eigenständige* Deutung des
Darstellers dramatischer Texte, d.h. seine wahrnehmbare Deutung
der (Welt-)Deutung eines Autors, wäre hier lediglich eine »Verfäl-
schung«, eine »Verschmutzung« des »Textsinns«. Das Philosophieren des Darstellers *über* die Bedeutung eines Textes – die Formulierung einer eigenständigen Deutung einer Deutung – war im Rahmen

---

8   Ebd.
9   Ebd., 132f.
10  Vgl. Susanne Nordhofen, »Didaktik der symbolischen Formen. Über den Ver-
    such, das Philosophieren mit Kindern philosophisch zu begründen«, in: *Zeit-
    schrift für Didaktik der Philosophie und Ethik* 20, Heft 2 (1998), 127-132 und
    dies., *Literatur und symbolische Form. Der Beitrag der Cassirer-Tradition zur
    ästhetischen Erziehung und Literaturdidaktik*, Hannover 2003.
11  Vgl. S.K. Langer, *Philosophie auf neuem Wege*, 289.

des psychologisch-realistischen Verständnisses von Verkörperung eines Textes nicht erwünscht bzw. kontraproduktiv.

Folgt man diesem psychologisch-realistischen Verständnis, so ließe sich gegen die Arbeit mit theatralen Ausdrucksformen bei der Eröffnung philosophischer Texte außerdem der schlagkräftige Einwand formulieren, dass ein philosophischer Text in der Regel auch keine expliziten »Rollen«, keine *dramatis personae* besitzt, die der Darsteller (bzw. der theatral Philosophierende) verkörpern könnte[12] – wie und warum wäre es also sinnvoll, einen Bildungsprozess zu initiieren, in dem »Darsteller« in einer nicht einmal explizit formulierten Rolle theatral »verschwinden« sollen, wenn diese Rollen doch gar nicht existieren?

Eine philosophische Verkörperung von Texten in Anschluss an die oben von Heintel und Macho formulierte Aufgabe, Person und Sache in einen Prozess zu verwickeln, erscheint also im psychologisch-realistischen Verkörperungskonzept nicht intendiert bzw. es bleibt unklar, was bei einem solchen Vorgehen überhaupt verkörpert werden soll.

## 1.2 Embodiment

Seit den sechzigerer Jahren des zwanzigsten Jahrhunderts gibt es jedoch neben dem »klassischen« psychologisch-realistischen Verkörperungskonzept noch ein anderes Konzept, das für eine *Didaktik theatralen Philosophierens* maßgeblich ist. Erika Fischer-Lichte diagnostiziert seit dieser Zeit eine markante Verschiebung innerhalb des theatralen Verkörperungskonzepts, bei dem nunmehr die »Verwendungen des Körpers im leiblichen In-der-Welt-Sein der Darsteller bzw. Performer ihr Fundament und ihre Begründung«[13] finden. Dabei ist insbesondere die Umkehrung des Verhältnisses von Darsteller und Rolle ein zentrales Merkmal: Der Performer hat nun nicht mehr die Aufgabe, eine vom Autor des Textes »intendierte«

---

12 Eine Ausnahme bilden hier natürlich die platonischen Dialoge, in denen durch die dialogische Form der Darstellung zumindest formal Rollenangebote gemacht werden.

13 E. Fischer-Lichte, *Ästhetik des Performativen*, 139.

Rollenfigur zu verkörpern – also mit seinem Körper eine »vorgegebene« Bedeutung nachzuahmen –, sondern er begreift seinerseits die
Rolle als Werkzeug, um den »Körper selbst als etwas Geistiges in
Erscheinung treten zu lassen, ihn als verkörperten Geist zur Erscheinung zu bringen«.[14] Der Text ist demnach »ein Mittel zur Errei-
chung eines anderen Zwecks: den Körper selbst als etwas Geistiges
in Erscheinung treten zu lassen, ihn als verkörperten Geist zur Erscheinung zu bringen«.[15] Der Körper erscheint aus dieser Perspektive nicht mehr als bloßes Instrument bzw. Material für eine physi-
sche Kopie einer bereits festgelegten »Intention«. Der Körper des
Darstellers agiert vielmehr »als verkörperter Geist (*embodied
mind*)«[16]. Der Performer nutzt den Text also, um selbst eine Bedeutung zu generieren, die er mit seinem Körper zum Ausdruck bringt.

Wenn die theatrale Verkörperung also nicht mehr als Verschwinden des Darstellers in einer Rolle, sondern als Verkörperung
des *deutenden* Geistes eines Darstellers verstanden wird, bekommt
die Arbeit an theatralen Zeichen eine andere Bedeutung als in dem
oben beschriebenen psychologisch-realistischen Verkörperungskonzept: Der theatrale Ausdruck wird nun als *embodiment* Ausdruck
geistiger, d.h. rationaler Aktivität des Performers. Sie ist rationale
Verkörperung *seiner* Vorstellungen (vom Text). In diesem Sinne ist
die Verkörperung eines Textes der Versuch, eine Deutung zum Ausdruck zu bringen, d.h. »am bzw. durch den Körper etwas in Erscheinung [zu] bringen, das nur durch den Körper Existenz hat« – eine
verkörperte Figur erscheint so »als einmalige, an diesen Körper gebundene. Im leiblichen In-der-Welt-Sein des Schauspielers hat sie
ihren existenziellen Grund und die Bedingung ihrer Möglichkeit.«[17]
Erika Fischer-Lichte hebt hervor, dass hier ein »radikal neudefinier-
ter Begriff der Verkörperung« entsteht: »Er betont, daß das leibliche
In-der-Welt-Sein des Menschen überhaupt erst die Bedingung der
Möglichkeit dafür darstellt, daß der Körper als Objekt, Thema,
Quelle von Symbolbildungen, Material für Zeichenbildungen […]

---

14  Ebd. Vgl. dazu auch Jerzy Grotowski, *Für ein armes Theater*, Zürich 1986.
15  E. Fischer-Lichte, *Ästhetik des Performativen*, 139.
16  Ebd., 140.
17  Ebd., 142.

fungieren und begriffen werden kann.«[18] Bei dieser Neudefinition wird »dem Körper eine vergleichbar paradigmatische Position« verschafft wie dem Text, »anstatt ihn unter das Textparadigma zu subsumieren«.[19] Der Darsteller verkörpert in der Rolle seine Deutungstätigkeit am Text. Kognition kann so als *embodied activity* und der menschliche Geist als verkörpert verstanden werden.[20] Diese Rehabilitierung des Darstellerkörpers, der nicht mehr nur hinter der Rolle bzw. der »Intention« des Dichters zurücktritt, ja in ihr »verschwinden« muss, erlaubt es, die Arbeit an theatral-performativen Formen als eigenständigen Deutungsprozess des Darstellers zu verstehen. Dieser Deutungsprozess beinhaltet die Suche nach der je angemessenen Deutung eines Textes in der spezifischen Form seiner Verkörperung. Der Arbeitsprozess an theatralen Formen im Sinne des Embodiment-Konzepts kann (im Gegensatz zum psychologisch-realistischen Verkörperungskonzept) als philosophische Tätigkeit im Sinne des oben beschriebenen symboltheoretischen Philosophieparadigmas verstanden werden: Die Performer erarbeiten beim *theatralen Philosophieren* im Entwicklungsprozess theatraler Formen eine Deutung des philosophischen Textes, in dem bzw. mit dem seinerseits eine Deutung eines bestimmten Phänomens vorliegt.

Beim *theatralen Philosophieren* geht es darum, das leiblich-kreative Verkörperungspotenzial des Embodiment-Konzepts als philosophisches Potenzial in den Bildungsprozess einzubeziehen, um (beispielsweise) Schüler in philosophischen Bildungsprozessen nicht zum »schale[n] Hinterherdenken«[21] hinter der »Intention« des Autors eines philosophischen Textes zu animieren, sondern sie mit ihrer *ganzen* rationalen Ausdruckskraft in das philosophische Denken als »Abenteuer der Erkenntnis«[22] zu involvieren und sie einzu-

---

18  Ebd., 153.
19  Ebd.
20  Ebd., 154. Ähnlich Überlegungen formulieren auch Francisco J. Varela, Evan Thompson u. Eleanor Rosch, *Der mittlere Weg der Erkenntnis – Der Brückenschlag zwischen wissenschaftlicher Theorie und menschlicher Erfahrung* (engl.: *The Embodied Mind*), München 1996 und George Lakoff u. Mark Johnson, *Leben in Metaphern* (engl.: *Metaphors We Live By*), Heidelberg 2002.
21  Peter Sloterdijk, *Der Denker auf der Bühne. Nietzsches Materialismus*, Frankfurt/M. 1986, 10.
22  Ebd.

laden, den philosophischen Text mit *ihrem* Körper zu deuten. Dieses »Abenteuer« entsteht dadurch, dass sich Lernende und Lehrende in diesem philosophiedidaktischen Verfahren im Denken am Text riskieren: Indem nämlich Schüler und Lehrer beim *theatralen Philosophieren* jeweils aufs Neue nach einem angemessenen präsentativ-theatralen Ausdruck für die Bedeutung des Textes suchen, gestalten sie gemeinsam einen Prozess der Texteröffnung, bei dem sie den Text als »verkörperten Geist« deuten.

Aus dieser Perspektive ist auch der oben gegenüber dem psychologisch-realistischen Verkörperungskonzept formulierte Einwand hinfällig, dass ein philosophischer Text in der Regel keine Rollen besitzt, die sich verkörpern ließen: Das Embodiment-Konzept erlaubt es, den Text als Material für die *Erzeugung* von Rollen zu verstehen. Die Performer erarbeiten beim *theatralen Philosophieren* auf der Basis ihrer Textdeutung erst jene Rollen, die sie verkörpern. *Sie philosophieren am Text*, indem sie – um es mit den oben stehenden Worten von Heintel und Macho zu sagen – versuchen, »Person und Sache in einen Prozess« zu verwickeln, der es ihnen erlaubt, eine konkret-praktische Verkörperungsform zu finden: »Theorie und Praxis« verlieren so »ihre strikten Abgrenzungen«. Trotzdem bleibt der Erarbeitungsprozess einer Performance immer künstlerisch-experimentell und damit vorläufig. Dies bedeutet, dass »Leben und Denken« einander näher kommen, »ohne jemals aufeinander reduziert werden zu müssen« oder – um es im Rahmen des symboltheoretischen Philosophieparadigmas zu formulieren – in der performativ-experimentellen Verkörperung bleibt die Deutung einer Deutung immer ein unabgeschlossener Prozess, weil sie an den spezifischen Arbeitsprozess der Darsteller am Text gebunden ist.

## 2. Der Arbeitsprozess beim *theatralen Philosophieren*

Das *theatrale Philosophieren* bietet eine Option zur handlungs- und produktionsorientierten Arbeit an präsentativ-theatralen Ausdrucksformen. Es erlaubt, die Exemplifikation des Wissens in philosophischen Bildungsprozessen experimentell-performativ zu verkörpern.

Der konkrete Arbeitprozess ist von der Idee geleitet, dass philosophische Texte dadurch »besser«, d.h. umfassender zu verstehen sind, dass ihre Rezipienten auch an der Artikulation konkreter theatralpräsentativer Formen arbeiten, mit denen sie seine Bedeutung verkörpern. Er besteht aus vier Phasen, die sowohl das diskursiv-argumentative als auch das präsentativ-leibliche Ausdrucksvermögen der Lernenden ansprechen, ohne dabei ihre Ausdrucksfähigkeit auf einen »kruden Rationalismus«[23] der reinen Diskursivität zu verengen. Zusammenfassend lassen sich diese Phasen für die Organisation des Philosophieunterrichts in der Schule folgendermaßen charakterisieren:

— *Die Argumentationsphase*:
   Lehrer und Schüler führen ein Gespräch über einen philosophischen Text. Sie erörtern dabei die Bedeutung verschiedener Begriffe oder Argumente aus dem Text. Sie entscheiden sich für besonders relevante Begriffe oder Argumente, deren Bedeutung im Folgenden theatral artikuliert und möglichst weit reichend gedeutet werden sollen.

— *Die Vorbereitungsphase*:
   Der Lehrer wählt geeignete Übungen zur Vorbereitung und Durchführung des Arbeitsprozesses mit theatralen Formen zu diesen Begriffen oder Argumenten aus. Er sensibilisiert die Schüler durch diese Übungen für den Arbeitsprozess mit theatralen Formen.

— *Die Erprobungsphase*:
   Die Schüler erproben unter Anleitung des Lehrers je eigene theatrale Ausdrucksformen, um ihre Deutungen relevanter Begriffe oder Argumente des Textes zu artikulieren und so angemessenes Material für den theatralen Ausdruck zu formulieren.
   Oder:
   Die Schüler erproben unter Anleitung des Lehrers eigene Formulierungen für das eigene szenische Material und erarbeiten so möglichst weit reichende theatrale Deutungsformen für ausgewählte Begriffe oder Argumente des Textes.

---

23  S. Nordhofen, *Literatur und symbolische Form*, 57.

– *Die Reflexionsphase*:
Schüler und Lehrer sprechen über die erprobten theatralen Ausdrucksformen und isolieren diejenigen Ausdrucksformen, die
ihnen angemessen erscheinen, um die Bedeutung besonders relevanter Begriffe oder Argumente des philosophischen Textes zu
artikulieren. Diese isolierten Ausdrucksformen bilden das Kern-
material für die Entwicklung möglichst weit reichender präsentativ-theatraler Darstellungsformen, das weiterentwickelt werden
soll.
Oder:
Schüler und Lehrer erörtern Ideen für eine Weiterentwicklung
des eigenen szenischen Materials und eine abschließende Ge-
samtpräsentation des innerhalb des Projekts erarbeiteten theatralen Materials, mit dem der philosophische Texte möglichst weit
reichend gedeutet wird.

Der philosophische Bildungsprozess innerhalb eines Projekts gestaltet sich beim *theatralen Philosophieren* dreistufig und mündet in
eine Performance, im Rahmen derer die Arbeitsergebnisse des Projekts präsentiert werden.

## 2.1  Der Ausgangspunkt eines Projekts –
## Diskurs und präsentatives Material

Seinen Ausgangspunkt nimmt der Arbeitsprozess beim *theatralen
Philosophieren* in der Lektüre und Diskussion eines philosophischen
Textes. Die theatral Philosophierenden lesen diesen Text abschnitts-
weise. Sie eröffnen dabei die diskursiv-argumentative Bedeutung
des Textes, indem sie über ihn sprechen. Gleichzeitig bringen sie
produziertes oder rezipiertes *präsentatives* Material (z.B. Bilder,
Filmausschnitte oder Musikstücke) ein, das die Bedeutung einzelner
Begriffe, Argumente oder der Gesamtbedeutung des philosophischen Textes angemessen ausdrückt. Dieses präsentative Material
wird als »Materialfundus« gesammelt und als Impuls für die Gestaltung theatral-präsentative Ausdrucksformen ihrer Deutung des Textes genutzt: So kann z.B. die Rezeption eines passenden Filmaus-
schnitts die Situation für eine theatrale Improvisation in der Erprobungsphase bestimmen. Es können ferner

- selbst verfasste Dialoge oder Bewegungschoreographien,
- Fragmente aus fremden dramatischen und anderen Texten,
- Musikstücke,
- Filmausschnitte,
- Bilder oder Fotografien,
- Gegenstände (Requisiten) oder
- Kleidungsstücke als *präsentatives* Material bzw. als Impuls für eine szenische Improvisation dienen.

Die theatral Philosophierenden werden so motiviert, ihr Wissen über die Bedeutung eines philosophischen Textes nicht nur diskursiv in Form von Aussagen oder Sätzen innerhalb eines Gesprächs, sondern auch in angemessenen präsentativen Ausdrucksformen zu verkörpern. Durch diese Äußerung mit theatral-präsentativen Exemplifikationen des Wissens über den Text entsteht *szenisches Material*. Die Erarbeitung solchen Materials kann dabei durch szenische Improvisationen mit unterschiedlichen Bezügen zum philosophischen Text festgemacht werden, so zum Beispiel durch die Arbeit

- an einer im Text genannte Rahmensituation;
- an konkreten Situationen, die im Text oder in der Diskussion über den Text zur Veranschaulichung abstrakter Argumente als Beispiele genannt werden;
- an Sprachspielen mit dem philosophischen Text, die sich in der offenen Improvisation zu einer konkreten Situation verdichten;
- an Argumenten oder Begriffen aus dem philosophischen Text als Grundlage für »sprachlose« Bewegungsimprovisationen, in denen die Beteiligten selbstständig Situationen konturieren;
- an Situationen, die aufgrund der Anregungen durch präsentatives Material entstanden sind, das die theatral Philosophierenden in den Bildungsprozess einbringen, um ihre Vorstellungen über die Bedeutung des philosophischen Textes zum Ausdruck zu bringen.

## 2.2 Die zweite Stufe eines Projekts – Kernszenen und das dramatische Gesamtkonzept

Ist ein Repertoire präsentativ-theatraler Ausdrucksformen entstanden, kann die zweite Entwicklungsstufe innerhalb eines Projekts beschritten werden. Diese Entwicklungsstufe hat zum Ziel, *Kernszenen* aus dem bisher gesammelten und erprobten szenischen Material zu isolieren: Kernszenen sind erprobte Szenen, deren Form die am Projekt Beteiligten intersubjektiv für angemessen halten, um die Bedeutung von (Teil-)Aspekten des philosophischen Textes zum Ausdruck zu bringen. Der Maßstab für die Angemessenheit einer präsentativen Ausdrucksform ist ihr intersubjektiv nachvollziehbarer Bezug zum philosophischen Text: Nur die präsentativen Ausdrucksformen können Kernszenen und damit im weiteren Verlauf des Projekts auch Bestandteil der Performance werden, deren Bedeutung für die am Projekt Beteiligten nachvollziehbar eine prägnante Deutung des philosophischen Textes darstellt. Die gemeinsame Prüfung des szenischen Materials in Hinblick auf dieses Kriterium wird von den theatral Philosophierenden im Rahmen der *Reflexionsphase* geleistet. Ziel der Suche nach Kernszenen ist es dabei, in einem intersubjektiven Verständigungsprozess aus dem vorliegenden Material Szenen zu isolieren, die eine Korrespondenz zwischen diskursiv erörterten und präsentativ dargestellten Vorstellungen über die Bedeutung des Textes erkennen lassen.[24]

Doch nicht nur die Isolierung von Kernszenen kennzeichnet die zweite Entwicklungsstufe eines Projekts: Die Reflexionsphase dient darüber hinaus dem Ziel, ein dramatisches Gesamtkonzept einer Performance zu entwickeln, um so die unterschiedlichen Kernszenen zu verbinden und ein möglichst breites Deutungsspektrum des Textes zu erarbeiten. Der Weg zur Erarbeitung eines solchen Konzepts kann dabei durchaus unterschiedlich verlaufen: Eine Idee für ein dramatisches Gesamtkonzept zu entwickeln, kann heißen, einzelne oder alle bisher erarbeiteten Kernszenen in einem »Plot« zu ordnen. Die einzelnen Szenen können jedoch auch der Dramaturgie des philosophischen Textes folgen, d.h. chronologisch nach dem Auf-

---

24  Diese Reflexion kann und soll jedoch nicht dazu dienen, nachträglich die Bedeutung einzelner theatral-präsentativer Ausdrucksformen vollständig in die Diskursivität zu überführen, d.h. sie erst dann als Kernszenen auszuwählen, wenn sie sich als bloß illustrierende Formen der diskursiv darstellbaren Bedeutung des Textes beschreiben lassen. Die Eigenschaft einer präsentativen Ausdrucksform als Kernszene kann und sollte vielmehr lediglich vor dem Hintergrund einer angemessen begründbaren Anbindung an die bisher diskursiv erörterte Bedeutung des Textes erfolgen.

treten bestimmter Begriffe oder Argumente in diesem Text geordnet werden und ansonsten nicht enger durch einen »Handlungsstrang« verbunden sein.

## 2.3 Die dritte Stufe eines Projekts – Die Entwicklung einer prägnanten Präsentation des philosophischen Textes

Das szenische Material muss nun immer prägnanter gestaltet werden. Die Ausgestaltung von Kernszenen und des dramatischen Gesamtkonzepts führt auf der dritten Entwicklungsstufe eines Projekts zur Entwicklung präsentabler ästhetischer Ausdrucksformen. Neben der rein technischen Erprobung von angemessenen Szenen zur Artikulation der Bedeutung des Textes steht dabei immer wieder eine gemeinsame Prüfung der Angemessenheit des erarbeiteten szenischen Materials im Mittelpunkt. Im Rahmen dieser Prüfung muss bis zur Aufführung geklärt werden, ob es eine ästhetisch klare, theatral-präsentative Artikulationsform für die Bedeutung des Textes darstellt. Die theatral Philosophierenden müssen also immer wieder prüfen, ob eine intersubjektiv nachvollziehbare Verbindung zwischen dem szenischen Material und der im Bildungsprozess erarbeiteten Lesart des Textes, d.h. seiner Begriffe und Argumente besteht.

Im Rahmen der dritten Entwicklungsstufe eines Projekts müssen die Szenen sowie ihre Verbindung innerhalb des bestehenden dramatischen Gesamtkonzepts soweit präzisiert werden, dass eine Präsentation vor nicht am Arbeitsprozess beteiligten Zuschauern möglich wird. Es gilt also gemeinsam eine Performance zu entwickeln, d.h. eine Festlegung auf die Haltung der darzustellenden Figuren, die Gestaltung des Raums (der Bühne), der Kostüme oder des Lichts bzw. auf die mögliche Integration anderer Medien in die Gesamtdarstellung (z.B. die Integration von Musikstücken, Filmausschnitten oder projizierten Bildern) zu erreichen.

## 2.4 Der Abschluss eines Projekts – die Performance

Ein Projekt beim *theatralen Philosophierens* endet mit einer Performance. Sie ist integraler Bestandteil des Bildungsprozesses, weil sich in ihr das Spektrum der gemeinsamen Deutung eines philosophischen Textes manifestiert. Art und Umfang der Realisierung einer solchen Performance sind jedoch in hohem Maße abhängig von den vorhandenen zeitlichen, räumlichen und materiellen Bedingungen bzw. Kapazitäten der an einem Projekt Beteiligten: Eine Performance kann in der Klasse oder im Kurs bzw. schulöffentlich einmalig oder in einer Folge von Aufführungen gezeigt werden. Beim *theatralen Philosophieren* werden auch nicht einzelne performative Darstellungsformen als »wahrer« theatral-präsentativer Ausdruck des philosophischen Textes betrachtet. Arbeitsprozesse an dem selben philosophischen Text führen mit unterschiedlichen Gruppen zur Entwicklung ganz unterschiedlicher, gleichwertiger präsentativ-theatraler Ausdrucksformen.

Die theatral Philosophierenden aktualisieren die Bedeutung eines philosophischen Textes in der je konkreten Bildungssituation immer wieder neu. Doch auch wenn die konkrete Form einer Performance keine planbare Größe im Bildungsprozess darstellt, ist sie dennoch ein unverzichtbarer Bestandteil eines Projekts, weil sie die hermeneutischen Kräfte der theatral Philosophierenden auf ein gemeinsames Ziel hin bündelt. Dieses *gemeinsame* Ziel ermöglicht den theatral Philosophierenden einen intensiven Austausch über Deutungsperspektiven auf den Text und gleichzeitig eine argumentative Festigung ihrer relevanten Lesarten – jeder muss intersubjektiv belegen, warum er den Text so und nicht anders versteht.

## 3. Philosophieren mit Gebrauchswissen

Der Arbeitsprozess beim *theatralen Philosophieren* mündet also in die Verkörperung einer Lesart. Dabei *zeigen* die Beteiligten ihr Wissen theatral. Sie erwerben im Arbeitsprozess an den theatral-präsentativen Formen *Gebrauchswissen*: Gebrauchswissen meint ein Wissen, *wie* man etwas richtig gebraucht (Wissen-wie), Satzwissen demgegenüber ein Wissen, *dass* etwas der Fall ist (Wissen-dass).

Gregor Damschen hat unlängst darauf hingewiesen, dass in den platonischen Dialogen nicht das Satzwissen, sondern gerade dieses Gebrauchswissen im Mittelpunkt steht.[25] Er erläutert, dass sich der Gegensatz von Gebrauchswissen und Satzwissen auf der Ebene des Lehrens und Lernens im Unterschied von Zeigen (Exemplifikation) und Sagen (Denotation) manifestiert. Dem Satzwissen geht bei Platon – so Damschen – immer ein Gebrauchswissen, also eine Exemplifikation der Ideen voraus: Die platonischen Dialoge haben eine ausgeprägte »Ebene des Zeigens«, weil hier handelnde Personen Gebrauchswissen über Ideen demonstrieren.[26] Damschen formuliert die weitreichende These, dass es nach Platon sogar unmöglich sei, adäquat über Ideen als objektivierbare Gegenstände zu sprechen, weil die Durchführung des Gesprächs selbst immer die Verwendung von Ideen voraussetzt: »Wer *über* sie [die Ideen, C.G.] spricht, muß sie bereits im Sinne eines Gebrauchswissens verwenden.« Das »Gespräch *über* die Ideen« kommt als ein Gespräch über die Präsupposition des Gesprächs über Ideen damit immer zu spät.«[27] Das Gebrauchswissen lässt sich bei Platon deshalb – so Damschen weiter – »nicht angemessen in Aussagesätzen darstellen, gleichwohl kann es aber auf der dramatischen Ebene der Dialoge gezeigt werden.«[28] Die Dialoge Platons besitzen deshalb »eine ausgeprägte Ebene des Zeigens«, denn in ihrem »Umgang mit Gegenständen«, ihrer »Ausübung von Körperhandlungen« und »in einem der Sache angemessenen Umgang mit Sätzen« zeigen die Dialogpartner ihr Gebrauchswissen.[29] Die platonischen Dialoge verdeutlichen demnach, dass sich der Gegenstand des Philosophierens nicht wie der eines Traktats als Objekt vorgeben lässt[30]: »Platon selbst benennt seine Dialoge in der Regel nicht nach objektivierbaren Gegenständen, sondern nach Personen. Man kann vermuten, dass er dies tut, weil der »Ge-

---

25  Gregor Damschen, »Grenzen des Gesprächs über Ideen. Die Form des Wissens und die Notwendigkeit der Ideen in Platons Parmenides«, in: ders., Rainer Enskat u. Alejandro G. Vigo (Hg.), *Platon und Aristoteles – sub ratione veritates. Festschrift für Wolfgang Wieland zum 70. Geburtstag*, Göttingen 2003, 31-75.
26  Vgl. G. Damschen, »Grenzen des Gesprächs über Ideen«, 37.
27  Ebd., 69.
28  Ebd., 73.
29  Vgl. ebd., 37.
30  Vgl. ebd., 74.

genstand« seiner Dialoge in diesen Fällen das in den namensgeben-
den Personen gebundene personale Gebrauchswissen ist«.[31]

Ein auf dramatischer Ebene sichtbares, personales Gebrauchswissen und kein in Aussagen fixierbares Satzwissen steht also im
Mittelpunkt philosophischer Gespräche bei Platon. Der Name des
sokratischen Gesprächspartners als Überschrift eines platonischen
Dialogs erinnert an diese enge Bindung des geäußerten Wissens an
eine Person. Er erscheint demnach – so ließe sich in Anschluss an
Damschen aus philosophiedidaktischer Perspektive formulieren –
gleichsam als methodische Mahnung, die enge Bindung zwischen
Person und Wissen beim Philosophieren nicht zu vergessen – eine
Bindung, die sich in der Exemplifikation und nicht in der Denotation
des Wissens offenbart.

## 3.1  Der propositionale Midas-Effekt

Damschen bemängelt jedoch im Folgenden, dass die »Warnung vor
den Grenzen des Gesprächs über die Ideen« innerhalb der (Fach-)
Philosophie heute verlorengegangen sei und die »Philosophie unserer Tage« eine fatale »propositionale Wende« vollzogen habe: »Ein
Zeichen dieser propositionalen Wende ist es, mit gutem Gewissen
zu meinen, über alles angemessen in der Form von Aussagesätzen
sprechen zu können.«[32] Auch wenn man diesem Urteil Damschens
über die Fachphilosophie nicht absolut zustimmen kann, schließlich
gibt es durchaus eine fachphilosophische Diskussion über die Grenzen propositionaler und Potentiale nicht-propositionaler Erkenntnis,[33] so ist doch sicher der argumentativen Stoßrichtung Damschens zuzustimmen: Die diskursive Omnipotenzphantasie der
Fachphilosophie in Hinblick auf eine vermeintlich unbegrenzte in-

---

31  Ebd., 73.
32  Ebd., 74.
33  Vgl. dazu insbesondere Gottfried Gabriel, »Zwischen Wissenschaft und Dich-
    tung. Nicht-propositionale Vergegenwärtigung in der Philosophie«, in: *Deut-
    sche Zeitschrift für Philosophie* 51 (2003), 415-425; Hans Julius Schneider;
    »Das Prinzip der Ausdrücklichkeit, die Grenzen des Sagbaren und die Rolle der
    Metapher«, in: ebd., 443-458; Christiane Schildknecht, »Anschauung ohne Be-
    griffe? Zur Nichtbegrifflichkeitsthese von Erfahrung«, in: ebd., 459-475.

haltliche Reichweite von Propositionen, d.h. des Inhalts bzw. Wahrheitswerts einer diskursiv-sprachlichen Äußerung scheint bei vielen Vertretern »der Zunft« noch immer ungebrochen.

Das Problem des hier skizzierten Selbstverständnisses der Philosophie ist nach Damschen der »propositionale Midas-Effekt«[34]: »So wie jeder Gegenstand zu Gold wurde, den König Midas anfaßte, wird alles, auf das die zeitgenössische Philosophie mit Hilfe der »Rede über etwas« einen sprachlichen Zugriff hat, zu einem sprachlichen Gebilde, das seine Dokumentation in einer bestimmten Anzahl von Aussagesätzen findet.«[35] Dieser Effekt sei ein »methodischer Fluch, der auf der Philosophie lastet«, denn von Platon ließe sich lernen, »daß dem Gespräch *über* etwas methodische Grenzen gesetzt sind, die mit einer auch noch so ausgefeilten Technik im Umgang mit propositionalen Gebilden niemals überschritten werden können.«[36]

Diesem *Midas-Effekt* ist meines Erachtens nach bisher nicht nur in der Fachphilosophie, sondern auch in der Philosophiedidaktik bisher zu wenig Beachtung geschenkt worden. Soll im Philosophieunterricht philosophiert werden, muss nicht das Satzwissen oder das Sagen, sondern das Gebrauchswissen bzw. das Zeigen im Mittelpunkt stehen. Dieses Anliegen lässt sich am Beispiel des von Damschen thematisierten *Midas-Effekts* konkretisieren: Für den Phrygerkönig Midas der griechischen Sage wird bekanntlich alles zu Gold, was er anfasst. Unbedacht bat nämlich Midas in seinem sprichwörtlichen Luxuswahn die Götter darum, dass sich alles zu Gold verwandeln solle, was er berühre. Sein Wunsch erfüllte sich, doch nicht ganz so, wie es sich der König gedacht hatte: Denn auch seine potenziellen Nahrungsmittel wurden zu Gold – der König drohte deshalb zu verhungern und bat um die Erlösung von seiner Gabe.

---

34  Wolfgang Wieland hat bereits an anderer Stelle diesen Effekt thematisiert: vgl. Wolfgang Wieland, *Platon und die Formen des Wissens*, Göttingen [1]1982 ([2]1999); ders., »Platons Schriftkritik und die Grenzen der Mitteilbarkeit«, in: Volker Bohn (Hg.), *Romantik – Literatur und Philosophie. Internationale Beiträge zur Poetik*, Frankfurt/M. 1987, 24-44.

35  G. Damschen, »Grenzen des Gesprächs über Ideen«, 74f.

36  Ebd., 75.

Der methodische *Midas-Effekt* kennzeichnet auch oftmals die Dynamik philosophischer Bildungsprozesse: Mit viel Spitzfindigkeit wird versucht, die Schüler zu Aussagen zu bewegen, um die Gegenstände ihres Denkens in das vermeintliche »Gold« der Aussage innerhalb eines Diskurses zu verwandeln. Dass die Schüler hier oftmals ideell »verhungern«, weil sie ihre Vorstellungen *lediglich* in die Form von Aussagen (als Satzwissen) pressen und nicht in ihrem persönlichen Idiom (als Gebrauchswissen) zeigen, wird leicht übersehen. Dass beim Philosophieren ursprünglich[37] nicht die Gewinnung von Satzwissen, sondern die (dramatische) Darstellung von an Personen gebundenem Gebrauchswissen – das *embodiment* des Wissens – im Vordergrund stand, gerät dabei methodisch schnell aus dem Blick. Der Name des sokratischen Dialogpartners und mit ihm die Mahnung an die personale und performative Qualität des Wissens gerät im Philosophieunterricht deshalb in Vergessenheit. Der *philosophische Midas-Effekt* erweist sich somit als ein Problem, das nicht nur die Fachphilosophie, sondern auch die Fachdidaktik der Philosophie berührt. Es sollte deshalb heute innerhalb der Philosophiedidaktik verstärkt darum gehen, Methoden zu entwickeln, die einen *Midas-Effekt* für philosophische Bildungsprozesse verhindern helfen: Nicht das »Gold« einer abstrakten Denotation der »Sache«, sondern der Raum zur spezifischen Exemplifikation des (Gebrauchs-)Wissens über die »Sache« muss demnach zum Maßstab gelungener philosophischer Bildungsprozesse werden.

## 3.2 *Theatrales Philosophieren* und der Midas-Effekt

Das *theatrale Philosophieren* ist als Entwicklungsprozess einer Performance zu verstehen, mit der die Bedeutung eines philosophischen Textes theatral verkörpert wird. Dabei werden Ideen in präsentativer Form artikuliert, die sich nicht allein mit Argumenten ausdrücken

---

37   Ich schließe mich hier implizit der Terminologie Wilhelm Schmids an, der richtigerweise bei Platon die »Geburtsstunde der Philosophie« ausmacht – zumindest der westeuropäisch geprägten Philosophie. Vgl. Wilhelm Schmid, *Die Geburt der Philosophie im Garten der Lüste. Michel Foucaults Archäologie des platonischen Eros*, Frankfurt/M. 1990.

lassen. Dies wird dadurch ermöglicht, dass die Philosophierenden aufgefordert werden, neben den »mit eigenen Worten« diskursiv artikulierbaren Vorstellungen von Bedeutungsdimensionen des Textes auch diejenigen Vorstellungen von im philosophischen Text formulierten Begriffen und Argumenten zu äußern, die sich zwar der diskursiv-sprachlichen Projektion widersetzen, jedoch präsentativ-theatral artikulierbar sind. Das *theatrale Philosophieren* ermöglicht es den Philosophierenden also nicht nur, ihre Vorstellungen zu artikulieren, sondern ihnen im Verlauf des Bildungsprozesses eine immer prägnantere Verkörperung ihrer Ideen zu geben. Der Körper fungiert beim *theatralen Philosophieren* als *embodied mind*.[38]

Die Bildungspraxis dieses Verfahrens ist dabei zum einen von dem Gedanken bestimmt, das Verstehen abstrakter Begriffe und Argumente in philosophischen Texten auf diskursiver Ebene zu ermöglichen, indem die Begriffe und Argumente des Textes im Verlauf der Erarbeitung einer Performance zum Text immer differenzierter diskursiv formuliert werden: Denn nur so lassen sich gemeinsame (künstlerische) Entscheidungen über das treffen, was verkörpert werden soll. Auf diese Weise wird also auch die propositonale Dimension des Philosophierens im Bildungsprozess berührt: Die Schüler werden beim *theatralen Philosophieren* zur diskursiven »Aneignung und Verwandlung fremder Gedanken«[39] motiviert. Sie erlangen ein Satzwissen über die Bedeutung des Textes, d.h. sie lernen seine Begriffe und Argumente kennen und können sie im Verlauf eines Projekts immer besser diskursiv deuten.

Zum anderen werden die theatral Philosophierenden im Verlauf des Bildungsprozesses aber auch motiviert, ihr Gebrauchswissen über die eröffneten Begriffe, Thesen und Argumente des philosophischen Textes zu artikulieren. Sie sollen – im engeren Sinne des Wortes – *zeigen*, wie sie Bedeutungselemente des Textes benutzen: Gibt es beispielsweise angemessene Körperbilder (z.B. Standbilder oder Bewegungschoreographien), mit denen sich die Vorstellung von der Unsterblichkeit der Seele in Platons *Phaidon* angemessen verkörpern lassen? Mit welchem »Umgang mit Gegenständen«, mit

---

38  Vgl. E. Fischer-Lichte, *Ästhetik des Performativen*, 140.
39  Klaus Langebeck, »Verfahren der Texterschließung im Unterricht«, in: *Zeitschrift für Didaktik der Philosophie* 7, Heft 1 (1985), 9.

welcher »Ausübung von Körperhandlungen« und mit welchem »der Sache angemessenen Umgang mit Sätzen« lassen sich die im Text genannten Begriffe oder Argumente zum Tod exemplifizieren?

Dies sind Fragen, auf die beim *theatralen Philosophierens* im konkreten Arbeitsprozess spezifische Antworten gefunden werden. Dazu entwickeln die Schüler ihr *personales* Gebrauchswissen in der Auseinandersetzung mit dem Text, denn sie müssen (z.B. in theatralen Improvisationen) zeigen, was die Thesen, Begriffe und Argumente des Textes *ihnen* bedeuten und wie *sie* sie »benutzen«.

Mit der Erarbeitung des Materials werden die Bedeutungsdimensionen eines philosophischen Textes für die Beteiligten theatral verkörpert. Das Denken gewinnt also beim *theatralen Philosophieren* jene personale und dramatische Form, die es in den platonischen Dialogen besitzt und an die der Name des sokratischen Gesprächspartners erinnert. Im Verlauf eines Projekts können auch diejenigen Ideen beim Philosophieren artikuliert werden, die zwar durch die Lektüre des Textes evoziert worden sind, sich aber einer propositionalen Artikulation widersetzen.

Dabei entgehen die Beteiligten dem *Midas-Effekt*: Sie müssen ihre Ideen nicht allein in diskursive Aussagen zwängen, um philosophieren zu können. Ihr Denken gewinnt als *embodiment* nicht nur eine diskursive, sondern auch eine theatral-präsentative Form. Ihre Ideen werden damit nicht primär in die propositionale Form des Satzwissens gepresst, das – nach Platon – letztlich sowieso keine wesentliche Bedeutung für die Artikulation unseres Wissens hat. Stattdessen fördert das *theatrale Philosophieren* die verkörpernde Entfaltung personalen Gebrauchswissens, das jedes Individuum in den philosophischen Bildungsprozess einbringt und in seinem Verlauf weiter entwickelt.

Philipp Thomas

# Nicht sagen, sondern zeigen. Nichtpropositionale Erkenntnis als Schlüssel zum platonischen Ideenbegriff

>>Was auf einer Leiter erreichbar ist, interessiert mich nicht.<<

Ludwig Wittgenstein[1]

Platon war nicht nur Philosoph, er gestaltete seine Schriften auch wie ein Dichter. Diese übliche Feststellung ist aus dem genauen Grunde problematisch, weil im Falle Platons in dieser Hinsicht gar kein Gegensatz existiert und entsprechend für ein >nicht nur, sondern auch< kein Platz ist. Vielmehr sind der philosophische Inhalt der platonischen Schriften und ihre dichterische Form aufs Engste miteinander verbunden.

Für noch angemessener als die literarische Form der fingierten Gespräche zwischen bekannten oder fiktiven Personen hielt Platon offensichtlich das mündliche Philosophieren.[2] Platon geht es darum, bestimmte Einsichten indirekt anzusteuern. Indirekt, das heißt vor allem auf eine Art und Weise, die in der Formulierung von Aussage-

---

1   Ludwig Wittgenstein, >>Vermischte Bemerkungen<< in: ders., *Werkausgabe*, Bd. 8: *Bemerkungen über die Farben, Über Gewissheit, Zettel, Vermischte Bemerkungen*, Frankfurt/M. 1989, 445-573, hier: 460.

2   Vgl. die Schriftkritik in Platons *Phaidros* 274 b-278 e und im *7. Brief* 341 b-344 d.

sätzen nicht aufgeht. Es kommt Platon darauf an, dass der Diskutierende (oder der Mitdenkende) auf eine bestimmte und starke Weise selbst das Subjekt der gewonnenen Einsichten wird.

Man könnte geradezu sagen, im Falle Platons heiße Verstehen stets auch, eine eigene Erfahrung zu machen und nicht einfach das Zwingende unabhängiger (etwa logischer) Geltungen anzuerkennen oder nachzuvollziehen. Dem Lernenden muss *die Wahrheit gezeigt werden* (und nicht nur als Formulierung angeboten werden), *damit er sie selbst sehen kann.* Dieser Aufgabe wird Platon nur gerecht, wenn er sich literarischer Formen des Schreibens bedient. Zu diesen Formen gehört der Dialog und besonders auch das bewusste Weglassen (bzw. der reflektierte Verzicht auf das propositionale Formulieren) dessen, was nur gezeigt, aber nicht erklärt – und was nur geschaut, aber nicht begriffen werden kann.

Ideen von etwas können nur so verstanden werden, dass sie intuitiv eingesehen, dass sie ›geschaut‹ werden. Was von jeder einzelnen Idee gilt, das gilt auch für den platonischen Begriff der Idee selbst: Das Verständnis dessen, was Platon mit diesem Begriff bezeichnet, muss man sich auf eine Weise erarbeiten, die schließlich selbst einer ›Schau‹ gleicht, einer intuitiven Einsicht in eine Struktur, welche sich auf Unterschiedlichstes beziehen kann, auf Begriffe der Ethik gleichermaßen wie auf Institutionen, Gegenstände oder Lebewesen. Das Ziel bei dem Versuch, Platons Ideenlehre zu verstehen, besteht gerade darin, eine *Verstehenserfahrung mit der Idee* zu machen.

In diesem Sinn werde ich im Folgenden 1. Beispiele für das durchschnittliche misslingende Verstehen Platons geben und 2. eine philosophiegeschichtliche und systematische Begründung für dieses Misslingen (oder problematische Gelingen) geben: Das moderne Denken sträubt sich gegen einen metaphysischen, einen mehr als nur begrifflichen Sinn der Ideen. 3. ist dann zu klären, aus welchen systematischen Gründen Ideen tatsächlich mehr als nur Begriffe sind. Dann erst können 4. zeitgenössische philosophische Möglichkeiten der Rekonstruktion dieses metaphysischen Sinns dargestellt werden und schließlich 5. Möglichkeiten, was es unterrichtspraktisch heißen kann, eine Idee zu ›schauen‹, bzw. jemandem zu dieser ›Schau‹ zu verhelfen.

# 1. Verstehen, ohne zu Verstehen.
## Probleme bei der Vermittlung der Ideenlehre

Es gibt ein spezifisches Verstehen der platonischen Ideenlehre, welches mit dem Gefühl einhergeht, verstanden zu haben, ohne wirklich zu verstehen: Man ist in der Lage, diese Lehre, diese Theorie zu reproduzieren, ohne dass man sie selbst wirklich vertreten könnte, also ohne dass einem die Sache wenigstens an einigen wenigen Beispielen wirklich einleuchtet. Die Versuche der Vermittlung und Popularisierung, welche einführende Darstellungen der Philosophie unternehmen, um den Begriff Idee zu erklären, sind selbst Beispiele für dieses gelingende-misslingende Verstehen. In Gaarders *Sofies Welt* werden die Ideen mit den Back- oder Ausstechformen des Bäckers verglichen. Ideen seien »geistige oder abstrakte Musterbilder, nach denen alle Phänomene gebildet sind«.[3] Hier wird auf die mythische Vorstellung des Demiurgen rekurriert, ohne dass diese an die heutige Vorstellungswelt angenähert würde. In Osbornes *Philosophy for Beginners* findet sich folgende Illustration und die Feststellung, es gebe außerhalb von Zeit und Raum ein ideales Pferd.[4]

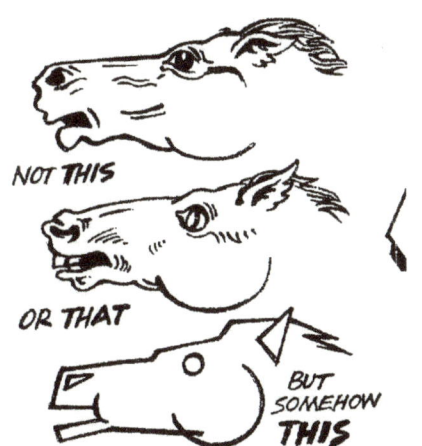

Wie schon Gaarders Erklärungsversuch ist auch Osbornes nicht falsch. Letzterer provoziert aber sofort den üblichen Einwand, bei der Idee des Pferdes handle es sich einfach um dessen Begriff. Im *dtv-Atlas Philosophie* wird die platonische Idee anhand eines Schemas erklärt, das einem aus der eigenen Schulzeit, dann aber

3    Vgl. Jostein Gaarder, *Sofies Welt. Roman über die Geschichte der Philosophie*, München 1998, 95, 98, hier: 103.

4    Vgl. Richard Osborne, *Philosophy for Beginners*, illustriert von Ralph Edney, New York 1992, 13.

auch aus dem selbst gehaltenen Unterricht bekannt vorkommen mag:[5] Oberhalb einer waagerechten Linie (die Scheidelinie zwischen unsichtbarer und sichtbarer Welt, zwischen Verstand und Sinnlichkeit) steht das Wort »Tier«, darunter sieht man Abbildungen eines Käfers, eines Fischs und eines Pferds. Dazu heißt es, es gebe ein Urbild »Tier«, »das allen Tieren gemein ist und deren Wesensform bestimmt. So ist es die Idee des Tieres, welche die unterschiedlichsten Organismen erst zu Tieren macht«.[6] Auch hier möchte man sagen: richtig, aber nicht auf eine Weise richtig, dass einem ›ein Licht aufgeht‹. In Störigs *Weltgeschichte der Philosophie* schließlich wird die Ideenlehre ausführlicher wiedergegeben. Ideen, so heißt es schließlich, seien »Formen, Gattungen, Allgemeinheiten des Seins. Es sind aber nicht etwa bloße allgemeine Begriffe«.[7] Hier wird die Reduktion der Ideen auf Begriffe vermieden. Doch auch das Abhalten falscher Interpretationen bedeutet keine wirkliche Hilfe zum Verständnis der Sache: *Inwiefern*, so wird man fragen, sind denn Ideen keine Begriffe?

Die zitierten Versuche der Vermittlung führen nicht zu einem falschen Verständnis des Ideenbegriffs, eher führen sie zu dem schon erwähnten Zustand, in dem man verstanden hat, ohne wirklich zu verstehen. Es hilft dann auch nicht weiter, *anamnesis* und *méthexis* als platonische Lehren zur Erläuterung von *idea*, bzw. *eidos* hinzuzuziehen. Hier besteht im Gegenteil die Gefahr, Platons Ideenlehre zu einem geschlossenen und befremdlichen Modell werden zu lassen, das zudem mythisch geprägt ist. Der Ideenbegriff wird so nicht auf eine Weise einleuchtend, die ihm angemessen ist. Dazu bedarf es vielmehr einer eigenen Anschauung, einer eigenen Erfahrung mit einer Idee. Und zu dieser kann es nur dort kommen, wo das Wesen der Idee auf eine nicht mehr nur propositionale Weise gezeigt wird. Doch weshalb fällt uns dies so schwer? Der Grund für die genannten Schwierigkeiten mit dem Ideenbegriff ist sicher in unserem Denken selbst zu suchen, genauer in dem für die Moderne charakte-

---

5   Vgl. Peter Kunzmann, Franz-Peter Burkard u. Franz Wiedmann, *dtv-Atlas zur Philosophie. Tafeln und Texte*, München 1991, 38.
6   Ebd., 39.
7   Hans-Joachim Störig, *Kleine Weltgeschichte der Philosophie*, Frankfurt/M. 1991, 163.

ristischen Vertrauen in die prädikative Struktur der Vernunft und des Verstehens.

## 2. Schwierigkeiten des modernen Denkens mit dem Ideenbegriff

Bekanntlich ist die Platonforschung in vielen (auch grundlegenden) Fragen uneins. Anhand der verschiedenen Meinungen etwa zur Schriftkritik Platons, zur literarischen Form seiner Philosophie, zur Vollständigkeit der Schriften oder zur Autarkie der einzelnen Dialoge[8] lässt sich aber hinsichtlich der Frage nach dem Verhältnis der Moderne zu Platon eine Schwierigkeit benennen, welche die moderne Platonlektüre mit der Form der platonischen Schriften und damit gleichzeitig auch mit deren metaphysischem Anspruch haben muss. Platon hat das mündliche, streng adressatenbezogene Philosophieren in einer Weise geschätzt und dem schriftlichen übergeordnet, die der modernen Philosophie fremd ist. Es sei denn, so möchte man ergänzen, der Sinn der Mündlichkeit wäre ein ausschließlich emanzipatorischer gewesen – so als hätte Platon in seinen Dialogen stets das moderne Ideal des Selbstdenkens, des eigenen Urteils im Blick gehabt. Aber dies zu behaupten, hieße Platon zu verkürzen: eine spezifisch moderne Platonverehrung, die Platon auf ein emanzipatives Ideal festlegt, wird auf diese Weise der Rezeption der platonischen Philosophie eher im Wege stehen.

Offensichtlich hat es neben dem literarischen besonders mit dem metaphysischen Anspruch der platonischen Philosophie zu tun, wenn Platon im Schriftlichen Wesentliches bewusst verschweigt oder ausspart, sei dieses Ausgesparte nun grundsätzlich mitteilbar oder nur propositional nicht mitteilbar oder nur bestimmten Personen nicht mitteilbar oder prinzipiell nicht mitteilbar. Mit Platons metaphysischem Anspruch hat es wohl auch zu tun, dass er über

---

8    Vgl. Thomas A. Szlezák, »Platon und die neuzeitliche Theorie des platonischen Dialogs«, in: *Elenchos* 10 (1989), 337-357; Christiane Schildknecht, *Philosophische Masken. Literarische Formen der Philosophie bei Platon, Descartes, Wolff und Lichtenberg*, Stuttgart 1990, 23 ff.

eine nur mündlich mitgeteilte Lehre verfügte, eine Lehre zudem, die neuplatonisch in einer explizit religiös-metaphysischen Weise interpretiert worden ist. Zu dieser Schwierigkeit, die das moderne Denken mit der literarischen Form der Philosophie Platons hat (und mit seinem Inhalt, etwa der Ideenlehre) gehört auch noch folgender Aspekt: In den Dialogen gibt es nie gleichwertige Dialogpartner, die tiefsten Einsichten sind nur für wenige bestimmt, für die schriftliche Verbreitung seiner Gedanken hat Platon eher Geringschätzung übrig. All dies stellt einen elitären, ja esoterischen Zug der platonischen Philosophie dar. Eine solche Eigenart aber musste besonders der fortschrittlich-aufklärerischen Epoche etwa eines Friedrich Schleiermacher fremd bleiben.[9]

Das moderne Denken hat aber noch ein anderes Problem mit Platon, das unmittelbar mit dem erkenntnistheoretischen Paradigma der Moderne zusammenhängt. Die moderne Erkenntnistheorie konstituiert sich im Horizont des Repräsentationsmodells der Erkenntnis, ja sie konstituiert sich, indem sie ausgehend vom Repräsentationsmodell die antike Erkenntnistheorie explizit als naiv bezeichnet und verwirft:[10] Ohne zuvor erst den eigenen Anteil zu untersuchen, den das Erkennen an den erkannten Gegenständen hat, richtet sich antikes Denken scheinbar naiv auf Gegenstände. Nicht der Formung des sinnlich-chaotisch Gegebenen durch das erkennende Subjekt gilt Platons oder Aristoteles' Interesse, sondern dem Identifizieren von etwas und dem Unterscheiden des Identifizierten von etwas anderem sowie den begrifflichen Bedingungen, unter denen das Sein des Identifizierten steht. Was die Identität von etwas wesentlich ausmacht (etwa die Idee), das gilt der Antike als tatsächlich erkennbar. Im Horizont des Repräsentationsmodells dagegen können Gegenstände in ihrem Sein und in ihrer Wahrheit nicht unmittelbar zugänglich sein. Es ist diese Struktur modernen Denkens, die notwen-

---

9  Vgl. T.A. Szlezák, »Platon und die neuzeitliche Theorie des platonischen Dialogs«, 347 ff.

10  Vgl. Arbogast Schmitt, *Die Moderne und Platon*, Stuttgart, Weimar 2003, 525, 531. Schmitt erscheint die angebliche antike Naivität in vielen grundlegenden Fällen gerechtfertigt: Wenn man einen Ton hört, dann ist dieser offensichtlich identisch mit einer bestimmten Formung der Materie (Luftdruckschwankungen in bestimmter Frequenz). Die Frage nach dem Sinn dieser Identität bleibt bei Schmitt freilich offen.

dig zur Folge hat, dass auch die metaphysische Bedeutungsschicht der platonischen Ideen schwerer zugänglich wird.

Entsprechend wandelt sich im Denken der Moderne der ontologische Status der Idee und *Kant* etwa vertritt schon einen explizit nichtmetaphysischen Ideenbegriff. Im Rahmen der transzendentalen Dialektik sind Ideen Begriffe, die von der Vernunft hervorgebracht werden, wenn sich diese auf das Ganze, auf den Gesamtzusammenhang unserer Erkenntnis bezieht. Dazu gehört z.B. das Postulat der teleologischen Strukturierung der Natur[11] oder das Postulat eines übergreifenden Prinzips der Gerechtigkeit (der Existenz Gottes), das Postulat also, dass das Gute zu tun nicht dauerhaft dem Glücklichsein widersprechen darf.[12] Diese von der Vernunft hervorgebrachten Begriffe sind freilich gegenstandslos – d.h. in der Erfahrung können für sie keine Gegenstände angetroffen werden. Während die platonischen Ideen nicht nur Erkennbarkeit, sondern auch Sein verleihen, ordnen Ideen im Kontext der Transzendentalphilosophie lediglich das Erkannte zu einem subjektiv sinnvollen Ganzen.

Der *Neukantianismus* interpretiert dann den Sinn der Ideen Platons in einer spezifisch kantisch-idealistischen Weise, ohne doch den platonischen und den kantischen Ideenbegriff miteinander zu identifizieren. In Paul Natorps 1903 erschienenem Platonbuch[13] sind es eher sowohl die Formen der reinen Anschauung und die reinen Verstandesbegriffe als auch die Postulate der Vernunft (und eben nicht nur letztere), welche zusammengenommen den Ideen Platons entsprechen. Ideen bestimmen jede sinnliche Mannigfaltigkeit so, dass eine gegenständliche Ordnung nach Gesetzen erscheint. So wird das ideenhafte Erkennen bei Natorp zur Leistung des Verstandes. Die überempirischen Grundlagen der Ordnung und Gesetzmäßigkeit im Gegebenen heißen Ideen – doch diese fungieren nur noch methodisch und funktional. Bei den Begriffen *idea* und *eidos*, so schreibt Natorp entsprechend, sei nicht so sehr (substantivisch

---

11  Vgl. Immanuel Kant, *Kritik der Urteilskraft*, § 67.

12  Vgl. Immanuel Kant, *Kritik der praktischen Vernunft*, A 223 ff.

13  Vgl. Paul Natorp, *Platos Ideenlehre. Eine Einführung in den Idealismus*, Leipzig 1903; eine kritische Darstellung gibt Georg Misch, »Goethe, Plato, Kant. Eine Kritik«, in: *Logos. Internationale Zeitschrift für Philosophie der Kultur* 5:3 (1914/1915), 276-289, hier: 279 ff.

*eidos*) an die äußere Gestalt (das Gesehene, den Anblick), sondern (verbal, *eidenai*) »aktivisch an [...] den Anblick als die Thätigkeit des Blickenden zu denken. So war dies Wort wie ausersehen, um die Entdeckung [...] der eigenen Gesetzlichkeit, kraft deren das Denken sich seinen Gegenstand gleichsam hinschauend gestaltet [...] festzuhalten«.[14]

Auch in der Gegenwartsphilosophie gibt es Vorschläge zu einem Verständnis des platonischen Ideenbegriffs, welches ohne jede metaphysische Konnotation auskommt und innerhalb der Grenzen des modernen erkenntnistheoretischen Paradigmas bleibt. Als Beispiel sei der Versuch Uwe Meixners genannt, die Ideenlehre rein als Prädikationstheorie zu verstehen und sie als solche streng logisch zu rekonstruieren.[15] Unter anderem entsteht dabei allerdings die Schwierigkeit, dass sich der Anwendungsspielraum der Ideenlehre einschränkt, nämlich auf jene Begriffe, die durch sinnvoll steigerbare umgangssprachliche Adjektive repräsentiert werden – von Menschen, Tieren oder Dingen kann es in dieser Rekonstruktion keine Ideen geben[16] – dies ist bei Platon aber unverzichtbar. Insgesamt kann man sagen, dass die Schwierigkeiten, die unser (modernes) Denken mit Platons Ideenlehre hat, meist die Interpretation der Idee als Begriff begünstigen – und daraus ergibt sich dann das oben geschilderte unbefriedigende Verstehen der Ideenlehre, welches kein wirkliches Verstehen ist. Doch neben dem Begrifflichen meint Platon mit Ideen eben noch mehr: Ideen sind *die Sachen selbst*, sind als unabhängige Entitäten *die eigentliche Wirklichkeit*, und zwar auch in Bezug auf Dinge. Dies muss zunächst (gegen die genannte Tendenz) systematisch begründet werden, anschließend können alternative Verständnis- und Vermittlungsmöglichkeiten genannt werden.

---

14  P. Natorp, *Platos Ideenlehre*, 1. Vor Kant beweise der Idealismus schon in Platon »die Kraft, ›Möglichkeit der Erfahrung‹ zu begründen« (ebd., 159).

15  Vgl. Uwe Meixner, »Eine logische Rekonstruktion der platonischen Prädikationstheorie«, in: *Grazer philosophische Studien. Internationale Zeitschrift für analytische Philosophie* 43 (1992), 163-175.

16  Vgl. ebd., 170 f. Dieses Problem hängt damit zusammen, dass die Selbstprädikation für Meixners Rekonstruktion zentral ist. Obwohl Platon die Selbstprädikation zwar auch für möglich hält und dafür Beispiele gibt (vgl. Platon, *Phaidon* 100 c, 4 f.), sieht er sie aber andererseits auch als problematisch, eventuell sogar als unmöglich an (vgl. Platon, *Charmides* 167 c ff.).

# 3. Ideen sind nicht einfach Begriffe. Drei systematische Argumente

Wie kann man sich in aller Kürze klar machen, dass es sich bei Ideen nicht einfach um Begriffe oder logische Kategorien handelt? Hierzu drei systematische Argumente.

Erstens erörtert und verwirft Platon im *Parmenides* die Reduktion der Ideen auf rein logische Kategorien ebenso kurz wie entschieden:

> »Aber, o Parmenides, habe Sokrates gesagt, ob nicht etwa jeder von diesen Begriffen nur ein Gedanke ist, welchem nicht gebührt, irgendwo anders zu sein als in den Seelen. [...] – Wie also, habe jener gesagt, jeder von diesen Gedanken wäre einer, aber ein Gedanke von nichts? – Unmöglich. – Also von etwas? – Ja. – Was ist oder was nicht ist? – Was ist. – Nicht wahr, von etwas Gewissem, was eben jener Gedanke als an allen jenen Dingen befindlich bemerkt als eine gewisse Gestalt? – Ja.«[17]

Carl Friedrich von Weizsäcker formuliert Platons Argument in moderner Terminologie so, dass die Einheit der Idee nicht in der Einheit eines Gedankens gründen kann, sondern nur in der Selbigkeit einer bestimmten Gestaltung (*idea*) in den verschiedenen Dingen. Die Logik muss sich also ihrerseits auf ontologische Strukturen beziehen.[18]

Ein zweites Argument bezieht sich auf die enge Verbindung der einzelnen Ideen zur Idee des Guten. Ideen sind nicht allgemeine Prädikate, nicht bloße Klassifikationsbegriffe. Denn z.B. die Idee der Gerechtigkeit zu erkennen, sie zu verstehen und zu schauen, dies bedeutet nicht lediglich zu wissen, was Gerechtigkeit an sich (Gerechtigkeit selbst) ist, sondern es bedeutet noch mehr, es bedeutet ein *normatives* Wissen, es bedeutet die Einsicht, dass und vor allem

---

17 Platon, *Parmenides* 132 b-c, Übersetzung v. Friedrich Schleiermacher.

18 Vgl. Carl Friedrich von Weizsäcker, »Parmenides und die Graugans«, in: ders., *Ein Blick auf Platon. Ideenlehre, Logik und Physik*, Stuttgart 1981, 16-45, hier: 33. Allen übersetzt *idea* hier mit *characteristic* (vgl. Reginald E. Allen, *Plato's Parmenides. Translation and Analysis*, Oxford 1983, 10).

inwiefern und aus welchem Grund Gerechtigkeit ein zu Recht gel-
tender moralischer Wert ist.[19] Diese Einsicht in das normative Sein
einer Idee geht offensichtlich über die Vorstellung hinaus, eine Idee
sei ein Klassifikationsbegriff. Schon in jener Praxis, die noch nicht
in engerem Sinn moralische Praxis ist, zeigt sich dieser *Überschuss
an Normativität*, der zur Idee notwendig gehört: Mit der Kunst des
Reiters oder des Flötisten (so das Beispiel Platons[20]) ist ein exklusives Praxiswissen verbunden. Man könnte entsprechend sagen, die
Idee des Zaumzeugs oder der Flöte zu wissen heißt, ein bestimmtes
Optimum der Gestalt und Funktionsweise des jeweiligen Dings zu
kennen (ein Wissen, das allein der Praxis entwächst, aber dabei als
Idee geschaut wird). Eine Idee ist also aus dem genauen Grund mehr
als ein Begriff, weil sie stets auch Wissen von Optimierung und von
einem sehr spezifischen praktischen Gutsein ist. Gernot Böhme
spricht in diesem Zusammenhang von der Orientierung darauf, wie
etwas eigentlich sein sollte.[21] Hier ist das Thema des Normativen
von der Praxis aus mit erschlossen. Ein guter Mensch, ein guter
Staat, eine gute Schule etc. – was dies jeweils ist, das weiß derjenige, der im Kontext einer Praxis die Idee von diesen Dingen erkannt
hat.

Schließlich ein drittes Argument, welches den Unterschied von
Idee und Begriff an den Termini Intension und Extension erklärt:[22]
Bei Begriffen lässt sich die Unterscheidung zwischen Extension und
Intension des Begriffs machen. Während die Intension den Inhalt
eines Ausdrucks bezeichnet, bei einem Prädikat also eine Eigenschaft, z.B. rot, nennt man die Extension eines Ausdrucks, etwa
eines Prädikats, die Menge oder die Klasse der Gegenstände, die unter das Prädikat fallen. Begriffe lassen sich in Ober- und Unterbegriffe teilen. Die Extension eines Oberbegriffs (z.B. rot) enthält dabei alle Extensionen seiner Unterbegriffe (z.B. rot einer bestimmten

---

19   Vgl. Andreas Graeser, *Die Philosophie der Antike*, Bd. 2: *Sophistik und Sokra-
     tik, Plato und Aristoteles*, München ²1993, 159 (Geschichte der Philosophie,
     hg. v. Wolfgang Röd, 2).
20   Vgl. Platon, *Politeia* X, 601 c-602 a.
21   Vgl. Gernot Böhme, *Platons theoretische Philosophie*, Stuttgart, Weimar 2000,
     355.
22   Vgl. ebd., 111 f.

Wellenlänge), sie ist also größer. Die Intension eines Oberbegriffs aber ist unbestimmter, sie weist weniger spezifische Differenzen auf als die des Unterbegriffs, der Oberbegriff ist also durch weniger Merkmale charakterisiert als der Unterbegriff. Im Falle der Idee ist dies anders: Geht man von einer Oberidee aus, die man in Unterideen teilt, dann enthält die Oberidee alle Unterideen und d.h. alle ihre Merkmale in sich. Eine Oberidee enthält also mehr Merkmale als eine Unteridee, ein Oberbegriff aber weniger Merkmale als ein Unterbegriff – Idee und Begriff sind nicht identisch.[23]

Führt man sich diese Argumente für einen starken, nicht reduzierten Ideenbegriff vor Augen und nimmt sie mit den oben gezeigten Schwierigkeiten zusammen, welche die Moderne mit Platon hat, dann lässt sich folgende These vertreten: Das Problem eines modern reduzierten (rein logischen) Ideenbegriffs ist, *dass dieser einer spezifischen Entdeckung Platons nicht gerecht wird, welche auch für das Gegenwartsdenken ein wichtiges Potenzial bereithalten könnte.* Es handelt sich dabei um ein noch näher zu bestimmendes metaphysisches Potenzial. Die Aufgabe besteht nun darin, sich moderne Versuche einer Rekonstruktion dieses Potenzials vor Augen zu führen, um dieses so für unser gegenwärtiges Denken nutzen zu können.

---

23 Dieses dritte Argument kann man sich an einem Beispiel des Begriffs, bzw. der Idee eines guten Menschen klar machen. Der Oberbegriff sei guter Mensch, der Unterbegriff sei guter Mensch im Sinne von gerechter Mensch oder guter Mensch im Sinne von hilfsbereiter Mensch. Die Extension des Oberbegriffs guter Mensch ist größer als diejenige des Unterbegriffs gerechter Mensch, weil zu ihr zusätzlich der hilfsbereite Mensch gehört. Die Intension des Oberbegriffs guter Mensch ist aber kleiner als die Intension des Unterbegriffs gerechter Mensch, weil zu ihr weniger spezifische Differenzen oder Merkmale gehören (von einem guten Menschen heißt es einfach, er sei, egal in welchem Sinne, gut, von einem gerechten heißt es, er sei gut, und zwar, genauer gesagt, in einem spezifischen Sinn.) Zur Idee: Die Oberidee sei guter Mensch, die Unteridee sei guter Mensch im Sinne von gerechter Mensch oder guter Mensch im Sinne von hilfsbereiter Mensch. Platons Vorstellung ist offensichtlich die, dass die Idee des guten Menschen alle Merkmale der Idee des gerechten Menschen mit umfasst und zusätzlich alle Merkmale der Idee des hilfsbereiten Menschen. Ideen sind etwas Seinshaftes, Oberideen enthalten gewissermaßen mehr Sein als Unterideen. Verwendet bzw. versteht man ›guter Mensch‹ im Sinne einer Idee, dann wird damit als Hintergrund eine nicht nur rein logische Ordnung, sondern eine Seinsordnung mit ausgesagt.

# 4.  Wie lässt sich der mehr als nur begriffliche Sinn der Ideen heute rekonstruieren?

## 4.1  Epistemisch: Nichtpropositionalität des Gebrauchswissens

> »Nun aber bezieht sich doch eines jeglichen Gerätes und Werkzeuges sowie jedes lebenden Wesens und jeder Handlung Tugend und Schönheit und Richtigkeit auf nichts anderes als auf den Gebrauch, wozu eben jegliches angefertigt ist oder von der Natur hervorgebracht. – Richtig. – Notwendig also ist auch der Gebrauchende immer der Erfahrenste und muss dem Verfertiger Bericht erstatten, wie sich das, was er gebraucht, gut oder schlecht zeigt im Gebrauch. Wie der Flötenspieler dem Flötenmacher Bescheid sagen muss von den Flöten, welche ihm gute Dienste tun beim Blasen, und ihm angeben muss, wie er sie machen soll, dieser aber muss Folge leisten«.[24]

Der erste Vorschlag der Rekonstruktion bezieht sich erneut auf das exklusive Praxiswissen. Wer sich in bestimmter Hinsicht aus eigener Anschauung und vor allem aus eigener praktischer Erfahrung auskennt, aus einer Erfahrung, bei der alles auf das Gutsein von etwas ankommt (auf das Taugen, auf das optimale Funktionieren) – ein solcher Praktiker oder auch Künstler verfügt über ein exklusives Wissen. Er weiß um das Optimum von etwas, welches Optimum vielleicht nie ganz erreicht wird, welches aber als geschaute Idee das wirkliche (eigentliche) Sein von etwas bezeichnet: Der Gebrauchende weiß darum, wie das Ding eigentlich sein sollte. Dieses exklusive Wissen lässt sich nun hinsichtlich seines epistemischen Status' als ein nichtpropositionales Wissen bezeichnen, denn es ist ein Wissen, das nicht einfach propositional weitergegeben werden kann.[25]

---

24  Platon, *Politeia* X, 601 d-e, Übersetzung v. Friedrich Schleiermacher. Als Parallele vgl. ebd., X, 596 c-597 d.

25  Christiane Schildknecht zufolge (vgl. C. Schildknecht, *Philosophische Masken*, 24) wurde die Unterscheidung propositionales/nichtpropositionales Wissen erstmals von Wolfgang Wieland zur Platoninterpretation verwendet (vgl. Wolfgang Wieland, *Platon und die Formen des Wissens*, Göttingen 1982, 228 ff.).

Im Kontext des Reiterbeispiels ist dies leicht einzusehen: Wollte ein Reiter, der durch lange Praxis von der Idee (dem wirklichen Sein) des Zaumzeugs weiß, jemandem diese Idee, dieses Wissen vermitteln, dann könnte er dies nicht vollständig in Worten oder durch richtige Sätze leisten, indem er etwa einem Schüler die Funktion des Zaumzeugs beschreiben würde. Vielmehr müsste er seinen Schüler erst gründlich die Kunst des Reitens lehren. Dann würde dieser irgendwann von selbst verstehen, worauf es etwa bei einem guten Zaumzeug ankommt. Und damit wüsste er gewissermaßen um das eigentliche Sein dieses Dings, und damit um seine Idee.

Man kann geradezu sagen, die Idee sei nur *in actu* sie selbst und könne nur in dieser Weise erkannt werden, nicht aber wenn man versucht, sie propositional zu vermitteln. Dass Ideenwissen nichtpropositional ist, besagt genauer, dass es erstens nicht objektivierbar ist (das Wissen ist von der Person, die es hat, nicht ablösbar) und dass es zweitens nicht bivalent ist (das Wissen kann nicht unter den Bedingungen der Wahrheitsdifferenz betrachtet werden, es ist nicht eine Option für das Glied einer Alternative, von der die andere Alternative ein Irrtum ist).[26]

Das nichtpropositionale Ideenwissen ist ein Wissen des Lebensvollzugs. Dieses Wissen kennt die Dinge auf eine spezifische Weise, nämlich so, dass es von der Welt her die Dinge kennt, d.h. es kennt die *Stelle* oder die *Struktur der Welt*, welche ein bestimmtes Ding seiner Möglichkeit nach wie auch hinsichtlich seines Optimums vorzeichnen. Daher kann man sagen, dass die Idee jene Struktur der Welt ist, welche ein Ding ermöglicht und zugleich sein Gutsein be-

---

26  Vgl. W. Wieland, *Platon und die Formen des Wissens*, 228 f. Als weitere Beispiele für ein nichtpropositionales Wissen bei Platon nennt Schildknecht das Wissen des Augenzeugen (Richter urteilen, da sie die Tat nicht selbst gesehen haben, ohne Erkenntnis, aber mit richtiger Vorstellung. Sie verfügen nicht über ein exklusives Wissen, das nur haben kann, wer als Augenzeuge bei einer Tat dabei war (vgl. Platon, *Theaitetos* 201 b-e)) und das Wissen des Wegekundigen (wer einen bestimmten Weg daher kennt, dass er ihn selbst schon gegangen ist, der hat eine höhere Form von Wissen als jemand, der den Weg noch nicht selbst gegangen ist, ihn aber so gut zu sagen weiß, dass er ihn tatsächlich richtig findet (vgl. Platon, *Menon* 97 a-f)).

stimmt.[27] Dieses Wissen um spezifische Funktionszusammenhänge in Bezug auf Dinge beschreiben auch Heideggers Analysen des Zeugs und der Um-zu Bezüge, allerdings nur für den Bereich der alltäglichen Gegenstände und Werkzeuge.[28] Heidegger kommt es gerade darauf an, ein nichtpropositionales Wissen von den Dingen herauszuarbeiten, das nicht das Wissen des theoretischen, des hinsehenden Blicks ist.[29] »Zum Sein von Zeug gehört je immer ein Zeugganzes, darin es dieses Zeug sein kann, das es ist. Zeug ist wesenhaft ›etwas, um zu...‹. Die verschiedenen Weisen des ›Um-zu‹ [...] konstituieren eine Zeugganzheit«.[30] Zumindest im Falle von Gegenständen des alltäglichen Gebrauchs kann man Zeugganzheit und Idee identifizieren. Beide bezeichnen eine Struktur der Welt, die ein Ding vorzeichnen und in der das eigentliche Sein des Dings besteht.

## 4.2 Ontologisch: Sein als Wahrheitsgeschehen

Der zweite Vorschlag, wie sich der volle, nicht reduzierte Sinn der platonischen Idee in Begriffen modernen Denkens rekonstruieren lässt, sei hier nur kurz angedeutet; er betrifft einen spezifischen Seins- und Wahrheitsbegriff, der vor allem von Heidegger vertreten worden ist. Im sechsten Buch der *Politeia* spricht Platon davon, dass das Gute sowohl den Dingen ihr wahres Sein mitteilt (und zwar in einem mehr als nur erkenntnistheoretischen, in einem explizit ontologischen Sinn) als auch das Erkenntnisvermögen des Erkennenden ermöglicht.[31] In seinem fundamentalontologischen und stärker noch

---

27  Vgl. C.F.v. Weizsäcker, »Parmenides und die Graugans«, 19. Von diesem Verständnis der Idee aus lässt sich auch die Möglichkeit von Erfindungen verstehen: Erfinden bedeutet, Strukturen der Welt zu entdecken, welche Dinge vorzeichnen und ermöglichen, die bisher noch nicht existiert haben.
28  Vgl. Martin Heidegger, *Sein und Zeit*, Tübingen 1984, § 15.
29  Ebd., 69.
30  Ebd., 68.
31  »Dieses also, was dem Erkennbaren die Wahrheit mitteilt und dem Erkennenden das Vermögen hergibt, sage, sei die Idee des Guten; [...] Ebenso nun sage auch, dass dem Erkennbaren nicht nur das Erkanntwerden von dem Guten komme, sondern auch das Sein und Wesen habe es von ihm« (Platon, *Politeia* VI, 508 e-509 b).

in seinem seinsgeschichtlichen Denken nimmt Heidegger diese doppelte Figur eines aktiven Seins und eines Sein und Wahrheit empfangenden (erschließenden, bergenden) Subjekts wieder auf.

Heidegger sieht seine Aufgabe darin, Wahrheit gegen ihre Vergeistigung und Verbegrifflichung in der Moderne in Schutz zu nehmen und sie in das Sein zurückzuverlegen. Bekanntlich wird in diesem Kontext *alétheia* im Sinne eines ontischen Wahrheitsbegriffs verstanden: Das Erscheinen der Dinge selbst ist (zunächst noch im Sinne eines erweiterten Phänomenologiebegriffs) gleichbedeutend mit dem Zutagetreten ihrer Wahrheit. Unverborgenheit als (vermeintlich) anfängliches Wesen der Wahrheit wird so zu einem Grundzug des Seienden selbst – *alétheia*, so Heidegger, stehe für *esse*, nicht für *veritas*.[32]

Heidegger versucht, die platonische These von dem Erkennen und Wahrheit ermöglichenden Guten zu übersetzen, und zwar in ein Seins- und Wahrheitsgeschehen, an dem der Mensch teils aktiv, teils passiv beteiligt ist (und welches Geschehen den Menschen letztlich als Menschen ausmachen soll). Dieser Versuch scheint mir in zweifacher Hinsicht problematisch. Zum einen gelingt nicht wirklich eine Übersetzung in moderne Kategorien des Verstehens, sodass die Schwierigkeiten, welche sich für unser Denken in Bezug auf Platons Ideenlehre ergeben, in Bezug auf Heidegger weiter gelten. Und zum anderen kennt Heidegger jenes Wahrheitsgeschehen eher als ein ganzes, ja als ein epochales, und deshalb ist dieses Geschehen nicht in einzelne Ideen unterteilt. Dadurch aber fehlt ein Kriterium für

---

32  Diese These notiert Heidegger als Randbemerkung in seinem Handexemplar von »Platons Lehre von der Wahrheit« (vgl. Martin Heidegger, »Platons Lehre von der Wahrheit«, in: ders., *Wegmarken, Gesamtausgabe*, Bd. 9., Frankfurt/M. 1976, 203-238, hier: 237). Zumindest von der philologischen These seiner frühen *alétheia*-Deutung hat sich Heidegger später distanziert: »Der natürliche Begriff von Wahrheit meint nicht Unverborgenheit, auch nicht in der Philosophie der Griechen. [...] Dann ist aber auch die Behauptung von einem Wesenswandel der Wahrheit, d.h. von der Unverborgenheit zur Richtigkeit hin, nicht haltbar. Statt dessen ist zu sagen: Die Ἀλήθεια, als Lichtung von Anwesen und Gegenwärtigung im Denken und Sagen, gelangt sogleich in den Hinblick auf ὁμοίωσις und adaequatio« (Martin Heidegger, »Das Ende der Philosophie und die Aufgabe des Denkens«, in: ders., *Zur Sache des Denkens*, Tübingen ³1988, 61-80, hier: 77 f.)

Normativität, es fehlt jener Überschuss des Normativen, der im Falle
der Ideenschau (des Gebrauchenden, des Künstlers) gerade das Wissen um ein spezifisches Optimum, ein spezifisches Gutsein von etwas ausmacht und der das Ideenwissen vor dem Begriffswissen besonders auszeichnet. Für Heidegger gibt es nur die Dichotomie von
Entbergen und Verbergen, und letzteres wird dann mitunter identifi-
ziert mit einem falschen (modernen, technischen etc.) Entbergen.
Doch für richtig/gut und falsch/schlecht fehlen letztlich die Kriterien.

## 4.3  Naturphilosophisch: Entwicklungspotenziale

Zwei weitere Möglichkeiten eines nicht reduzierenden Verstehens
der Ideen ergeben sich auf dem Gebiet der Naturphilosophie: zum
einen Goethes intuitives Erfassen sehr allgemeiner Strukturen des
Naturgeschehens, zum anderen theoretische Fragen der modernen
Biologie im Umkreis des Artbegriffs.

Im neunzehnten und im frühen zwanzigsten Jahrhundert wurde
Goethe als ein deutscher Platon entdeckt[33] – denn wie Platon steht
Goethe für eine synthetisch-schauende Erkenntnisweise und damit
unter modernen Bedingungen für eine Alternative zur empirischen
Wissenschaft. Besonders der Anspruch und die Möglichkeit mussten
attraktiv erscheinen, mit Goethe bestimmte Reduktionen, ja unre-
flektierte blinde Flecken zu vermeiden, welche mit der (Exaktheit
garantierenden) wissenschaftlichen Methode notwendig einherge-
hen. Tatsächlich hat sich Goethe in diesem Sinne auf ein antikes
Erbe berufen: seine Anschauungsweise, so Goethe, passe zu einem
Axiom antiken Denkens;[34] bei der Entwicklung seiner eigenen
Naturlehre habe er sich stets gefragt, wie sich Platon gegenüber den

---

33  Georg Misch spricht in diesem Zusammenhang von einer »geläufigen Wen-
     dung« (G. Misch, »Goethe, Plato, Kant. Eine Kritik«, 276), vgl. auch Elisabeth
     Rotten, *Goethes Urphänomen und die platonische Idee*, Gießen 1913.
34  Vgl. Julia Gauss, *Goethe-Studien*, Göttingen 1961, 60.

Phänomenen der Natur verhalten hätte.[35] Goethes Philosophierezeption bedeutete aber vor allem, dass Goethe für eigene Ideen, die er sowohl bezogen auf die richtige Erkenntnisweise der Natur als auch auf Natur selbst entwickelt hatte, also für theoretische Konstruktionen eines praktischen Naturforschers, Unterstützung durch den platonischen Ideenbegriff erhoffte. Nicht ein Naturgesetz oder ein mathematischer Formalismus soll das Allgemeine sein, das im Einzelnen erkannt wird, vielmehr soll die letzte mögliche Erkenntnis in der Schau eines Ganzen bestehen, eines Ganzen (durchaus unplatonisch und modern, nämlich evolutionär gedacht) als eines Potenzials einer natürlich Entwicklung. Entsprechend verwendet Goethe den Ideenbegriff im Kontext der eigenen Forschungen und glaubt, die eigentlich wirkliche Pflanze und das eigentlich wirkliche Wirbeltier[36] erkannt, bzw. erschaut zu haben, mithin die Paradigmen und Urbilder, auf welche sich die heute existierenden Arten wie Abbilder beziehen. Von der italienischen Reise schreibt er (noch naiv auf den Fund einer real existierenden Urpflanze hoffend): »Die Urpflanze wird das wunderlichste Geschöpf von der Welt, um welches mich die Natur selbst beneiden soll. Mit diesem Modell und dem Schlüssel dazu kann man dann noch Pflanzen ins Unendliche erfinden, die konsequent sein müssen, d.h. die, wenn sie auch nicht existieren, doch existieren könnten und nicht etwa malerische oder dichterische Schatten und Scheine sind, sondern eine innerliche Wahrheit und Notwendigkeit haben«.[37]

---

35 Vgl. Hermann Reuther, »Platons und Goethes Naturanschauung«, in: *Neue Jahrbücher für wissenschaftliche Jugendbildung* 5:1 (1929), 688-707, hier: 688.

36 In seiner Schrift »Zur Morphologie« (1820) schreibt Goethe rückblickend von seiner Beschäftigung mit der Knochenlehre. »Hierbei fühlte ich bald die Notwendigkeit, einen Typus aufzustellen, an welchem alle Säugetiere nach Übereinstimmung und Verschiedenheit zu prüfen wären, und wie ich früher die Urpflanze aufgesucht, so trachtete ich nunmehr, das Urtier zu finden, das heißt denn doch zuletzt: den Begriff, die Idee des Tiers« (Johann Wolfgang von Goethe, »Zur Morphologie« (1820), in: ders., *Naturwissenschaftliche Schriften.* Erster Band, hg. v. Rudolf Steiner, Dornach 1982, 3-87, hier: 15 (Fotomechanischer Nachdruck der Erstauflage in: *Deutsche National-Litteratur* 114, 1883)).

37 Brief Goethes vom17. Mai 1787, zitiert nach: E. Rotten, *Goethes Urphänomen und die platonische Idee*, 23 f.

Kants *Kritik der Urteilskraft* ist die zweite philosophische Theorie, von der Goethe annahm und hoffte, sie sei eine systematisch strenge Darlegung dessen, was er selbst im Zuge der praktischen Erfahrungen mit der Naturbetrachtung ohne philosophisches Vokabular schon konzipiert und formuliert hatte. Die Veröffentlichung von Kants Schrift 1790 empfand Goethe als große Bestätigung – obwohl Kant gerade dasjenige theoretisch ausschloss, worauf es Goethe eigentlich ankam, nämlich anschauende Urteilskraft, den *intellectus archetypus*, der von der Schau des Ganzen deduktiv das Einzelne verstehen können sollte. »Nun aber kam die *Kritik der Urteilskraft* mir zu Handen und dieser bin ich eine höchst frohe Lebensepoche schuldig«.[38] Kants Rede von der widerspruchsfreien Idee eines intuitiven, vom synthetisch Allgemeinen zum Besonderen absteigenden Verstandes (als Gegenbild zu unserem diskursiven Verstand) begeistert Goethe:

> »Zwar scheint der Verfasser [Kant] hier auf einen göttlichen Verstand zu deuten, allein wenn wir ja im Sittlichen durch Glauben an Gott, Tugend und Unsterblichkeit uns in eine obere Region erheben und an das erste Wesen annähern sollen, so dürft' es wohl im Intellektuellen derselbe Fall sein, dass wir uns durch das Anschauen einer immer schaffenden Natur zur geistigen Teilnahme an ihren Produktionen würdig machten«.[39]

So sehr erhofft sich Goethe eine Bestätigung seiner Vermutungen durch ein exaktes philosophisches System, dass er Kants doppelte Beschränkung menschlichen Erkennens leugnet: die Unerkennbarkeit des Dings an sich und die Gegenstandslosigkeit der Idee (etwa der teleologischen Organisation der Natur), d.h. den Status der Idee als eines reinen Postulats. Für die Zwecke seiner archetypischen und

---

38  Johann Wolfgang von Goethe, »Einwirkung der neueren Philosophie« (1820), in: ders.: *Naturwissenschaftliche Schriften*, zweiter Band, hg. v. Rudolf Steiner, Dornach 1982, 26-30, hier: 28 (Fotomechanischer Nachdruck der Erstauflage in: *Deutsche National-Litteratur* 115, 1887).

39  Johann Wolfgang von Goethe, »Anschauende Urteilskraft« (1820), in: ders., *Naturwissenschaftliche Schriften*, erster Band, a.a.O., 115-116, hier: 116 (Fotomechanischer Nachdruck der Erstauflage in: *Deutsche National-Litteratur* 114, 1883).

evolutionären Naturbetrachtung verwendet Goethe Kants Gedanken eines intuitiven Verstandes, der von der Schau ideenhafter Ganzheiten (den Paradigmen, den organischen Bildegesetzen[40]) ausgeht und auf diese hin die Mannigfaltigkeit des Empirischen versteht.

Goethes Versuch, Natur intuitiv nachzuvollziehen und in einer intellektuellen, also überempirischen Anschauung ihre Grundlagen zu verstehen, versteht die platonischen Ideen als Urformen und als Entwicklungspotenziale, bzw. Entwicklungsprinzipien des Lebendigen. Ähnlich wie in *Politeia* VI, 508 e-509 b das Gute als letztes, sowohl Sein als auch Wahrheit verleihendes Prinzip bezeichnet wird, spricht Goethe von Einheitsprinzipien in der Natur, die sowohl die faktische organische Struktur des Lebendigen bedingen als auch für ein schöpferisches Sehen erkennbar sind, insofern sie einer bestimmten Fähigkeit des menschlichen Verstandes entsprechen. Bei dieser Übersetzung des Ideenbegriffs in seine Naturphilosophie verändert Goethe freilich die Bedeutung der Idee: Platon gelten Zahl, Ordnung, Gesetz und Unveränderlichkeit als reinste Entsprechungen der Idee, Goethe vertritt einen dynamischen Ideenbegriff (Bildung, Entwicklung, Metamorphose). Zudem verändert Goethe auch dadurch den ontologischen Status der Ideen, dass er sie gewissermaßen monistisch vereinnahmt. Ähnlich wie Naturgesetze gehören die natürlichen Entwicklungspotenziale letztlich ganz zur Natur, bei Platon ist die ontologische Scheidung zwischen Paradigma und existierendem Abbild sicher größer. Dennoch kann Goethes Naturphilosophie durchaus als moderne Interpretation und damit als moderne Denkmöglichkeit und Veranschaulichung der platonischen Ideen fungieren.

Dies lässt sich schließlich auch noch in Bezug auf ein weiteres Beispiel aus dem Gebiet der Naturphilosophie sagen, nämlich in Bezug auf den Artbegriff als einer Problemstellung der theoretischen

---

40  Ein Beispiel stellen die verschiedenen Formen und Funktionen dar, die bei Pflanzen das Grundorgan Blatt aufweist: Laubblatt, Kelchblatt, Kronblatt, Staubblatt, Fruchtblatt. Goethe schreibt über die »innere Identität der verschiedenen, nach einander entwickelten Pflanzenteile bei der größten Abweichung der äußern Gestalt« (J.W.v. Goethe, »Zur Morphologie«, 40).

Biologie.[41] Dass eine Art eine bestimmte ökologische Nische besetzt, bedeutet, dass der Idealtypus eines Organismus' einer Art die ideale Anpassung und die ideale Nutzung der Gesamtheit der abiotischen und biotischen Faktoren einer bestimmten Umwelt darstellt. Schon der die Art repräsentierende Idealtypus etwa eines Tiers rückt so in die Nähe des Ideenbegriffs: Der Idealtypus selbst kommt nicht in der Sinnenwelt vor und ist dennoch vorstellbar als ein Ideal, dem alle tatsächlich lebenden Organismen der Art möglichst genau entsprechen müssen. Noch näher rückt dieses theoretisch-biologische Konzept an den platonischen Ideenbegriff, wenn man den Idealtypus selbst als eine Art Abbild der ökologischen Nische begreift: Eine Umwelt vergibt (diese Formulierung ist in der Biologie üblich) ›ökologische Lizenzen‹ (jeweils an eine Art), bzw. bietet die Möglichkeit zur Ausübung bestimmter ›Berufe‹ (jeweils für eine Art). Diejenige Struktur der Welt, welche auf diese spezielle, evolutionäre Weise eine bestimmte Art ermöglicht, kann dann als die Idee dieser Art bezeichnet werden.[42]

Tatsächlich bietet sich mit dieser Übersetzung des Ideenbegriffs in die Kategorien eines modernen theoretischen Diskurses zugleich die Möglichkeit, die Beziehung zwischen Paradigma und individuellem Exemplar im Sinne der *méthexis* zu rekonstruieren. Es handelt sich im Falle von ökologischer Nische und einzelnem Organismus einer Art um weit mehr als nur eine Ähnlichkeitsbeziehung, gleichzeitig geht aber die Idee auch nicht im Sinne eines substanziellen Sichverbrauchens in das Abbild ein und ist auch nicht bloß ein Gedanke, bzw. ein Begriff.[43] Die ökologische Nische als die Idee ist

---

41  Vgl. C.F.v. Weizsäcker, »Parmenides und die Graugans«, 17 f. Weizsäcker bezieht sich auf Konrad Lorenz.

42  Zur Veranschaulichung dieses Gedankens vgl. das Beispiel der verschiedenen Vögel eines Lebensraums im 5. Abschnitt.

43  Somit erfüllt diese moderne Übersetzung drei wesentliche Kriterien für ein geklärtes Verhältnis zwischen Idee und Ding, wie sie im *Parmenides* entwickelt werden: Die Vorstellung ist falsch, wonach die Idee selbst substanzhaft im Ding vorkommt (ebd., 130 e-132 b) oder wonach die Idee bloß ein Gedanke ist (ebd., 132 b-d). Ebenso falsch ist die Vorstellung, dass zwischen Idee und Abbild eine gleichberechtigte und gegenseitige Abbildbeziehung herrscht (ebd., 132 d-133 a), denn damit ergibt sich das Problem des unendlichen Regresses (*tritos anthropos*-Argument).

bezogen auf die Art vorgängig und enthält dem Potenzial nach diese Art unabhängig davon, ob die Art tatsächlich existiert oder nicht – so könnte man sogar davon sprechen, dass die Idee gewissermaßen *seiender* ist als das Abbild. Auch könnte das Problem der Seinsgrade (der Vollkommenheitsgrade der Abbildung) ausgedrückt werden:[44] Eine Art, welche die ökologische Lizenz nicht optimal nutzt (etwa durch unzureichende Anpassung an bestimmte Faktoren), entspricht der Idee in geringerem Maße, d.h. sie verwirklicht das Potenzial, welches die Umwelt bietet, in einem geringeren Grade, als dies möglich wäre.

Man kann also sagen, dass die theoretischen Überlegungen zum Artbegriff interessante Möglichkeiten bieten, gerade eine Dimension am platonischen Ideenbegriff zu rekonstruieren, welche über das Logische und Begriffliche hinausgeht und welche in einem starken Sinn das Ontologische, ja das Metaphysische bezeichnet.[45] Problematisch ist hier wie auch schon im Falle Goethes die völlige Immanenz dessen, was als Bedeutung von Idee fungiert. Dies betrifft auch wieder den dynamischen Status dieser Bedeutung: Offensichtlich können sich jene Strukturen der Welt, welche eine bestimmte ökologische Lizenz vergeben, in der Zeit ändern (und sie tun dies auch), entsprechend können Arten entstehen und vergehen. Demgegenüber vertrat Platon selbst sicher einen stärker transzendenten Ideenbegriff.

---

44  Vgl. Christoph Horn, »Platons *episteme-doxa*-Unterscheidung und die Ideentheorie (Buch V, 474 b-480 a und Buch X, 595 c-597 e)«, in: Otfried Höffe (Hg.), *Platon, Politeia*, Berlin 1997, 291-312, hier: 294 (Klassiker auslegen, 7).

45  Meines Erachtens wird hier sichtbar, dass Konzepte des Evolutionären zumindest partiell die klassische Metaphysik beerben. Wenn dies ausreichend reflektiert wird, darf man das philosophische Potenzial der Evolutionstheorie sicher nicht unterschätzen.

## 5. Eine Idee ›schauen‹, jemanden eine Idee ›schauen lassen‹. Möglichkeiten der Vermittlung des platonischen Ideenbegriffs im Unterricht

An all diejenige, welche über Platon einiges gehört oder einige seiner Texte gelesen haben und welche nun nach einem zusammenfassenden Text über seine Lehre verlangen, adressiert Platon folgenden Gedanken:

> »Es gibt ja auch von mir darüber keine Schrift und kann auch niemals eine geben; denn es lässt sich keineswegs in Worte fassen wie andere Lerngegenstände, sondern aus häufiger gemeinsamer Bemühung um die Sache selbst und aus dem gemeinsamen Leben entsteht es plötzlich – wie ein Feuer, das von einem übergesprungenen Funken entfacht wurde – in der Seele und nährt sich dann schon aus sich heraus weiter«.[46]

Einen wirklichen Einblick in die von Platon gefundene Wahrheit zu tun, dies ist also offensichtlich sehr voraussetzungsreich. Wir müssen davon ausgehen, dass uns bestimmte Aspekte dieser gemeinsamen Wahrheitsschau der Philosophen verschlossen bleiben. Dennoch lässt sich hinsichtlich der Ideenlehre Elementares nachvollziehen: Platons Ideenbegriff kann verstanden werden, wenn an verschiedenen Beispielen (etwa im Sinne des nichtpropositionalen Wissens) jeweils die Idee von etwas geschaut wird. Das Ziel bei der Vermittlung der Ideenlehre ist weniger das Bilden richtiger Sätze und die Konstruktion richtiger Modelle, sondern eher die unvertretbare (nur von jedem selbst vollziehbare) Einsicht in etwas Wesentliches an der Wirklichkeit. Es geht um eine zunächst ungewohnte Sicht auf die Wirklichkeit, aber dieser ungewohnte Standpunkt »nährt sich dann schon aus sich heraus weiter«, wie Platon sagt. Im Folgenden seien einige Beispiele genannt, die dazu geeignet sind, diese Erkenntnisbewegung zu befördern: nämlich eine Idee zu schauen.

---

46  Platon, *7. Brief* 341 c-d, Übersetzung v. Dietrich Kurz.

## Ein unbekanntes Werkzeug plötzlich ›verstehen‹

Zeigt man jemandem ein Werkzeug, dessen Funktion er noch nicht kennt,[47] dann kann er zunächst noch nicht das Werkzeug selbst sehen, sondern lediglich Dingeigenschaften beschreiben (Größe, Gewicht, Material). In jenem Augenblick aber, in dem man dem Betrachter sagt, worum es sich bei dem Gegenstand tatsächlich handelt, erschließt sich blitzartig (im Sinne einer Schau) dessen eigentliches Sein. Die mögliche Funktion, der ganze Funktionszusammenhang wird plötzlich an dem Gegenstand sichtbar, der funktionale Platz innerhalb eines spezifischen praktischen Kontextes wird sichtbar, der das Werkzeug hinsichtlich seiner optimalen Eigenschaften vorzeichnet. Was schon mit einem Werkzeug gut gelingt, lässt sich auch mit zwei eher unterschiedlichen Ausführungen eines Werkzeugs veranschaulichen:

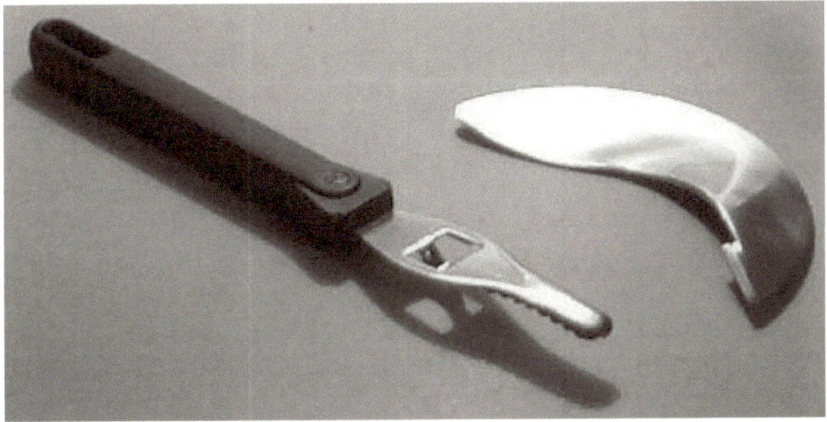

Zwei Ausführungen desselben Werkzeugs: Orangenschäler[48]

---

47  Etwa ein Fahrradkettenschlossöffner oder ein historisches Küchengerät.

48  Die abgebildeten Orangenschäler funktionieren ähnlich. Zunächst wird die Schale am ›Äquator‹ der Frucht ringsherum zerschnitten (beim graden Modell mit der scharfen Öse, indem ein kleiner Streifen ringsherum aus der Schale herausgeschnitten wird, beim gebogenen Modell mit der geschliffenen Ecke, indem diese die Schale einritzt; dabei passt die Rundung der Orange in die innere Rundung des Werkzeugs). Dann werden die beiden Schalenhälften vom

Zeigt man jemandem, der nicht weiß, wie ein Orangenschäler aussieht, zwei ganz unterschiedlich gefertigte Exemplare, ohne dass er weiß, worum es sich handelt, dann besteht die plötzliche Einsicht darin, zugleich mit der Einsicht in die Funktionsweise auch die Einheit, die Selbigkeit des Verschiedenen zu verstehen. In Platons Sprache formuliert geht es um die Einheit im Sinne der gemeinsamen Teilhabe an derselben Idee, es geht um eine im starken Sinne ontologische Gemeinsamkeit, in der die Einheit des Begriffs noch gründet. Die Idee besteht in jener Struktur der Welt, welche das Werkzeug, bzw. einen bestimmten Werkzeugtyp ermöglicht. Im Kontext des Werkzeugbeispiels ergibt sich nun auch die Frage nach der Möglichkeit von Erfindungen (als Ideen, die es einerseits schon gibt, die aber andererseits noch entdeckt werden müssen).

## Die ökologische Nische als die Idee einer Art verstehen

Stellen wir uns vor, wir beobachten stundenlang einen großen Nadelbaum auf einer Waldlichtung, genauer die Vögel, die an und um ihn ihre Nahrung (z.B. Insekten) finden. Einige sind laufend am Baumstamm beschäftigt: eine Gruppe davon läuft auf der Rinde umher, eine andere Gruppe bohrt und hämmert die Rinde auf. Andere Vögel sind immer wieder nur auf der Baumspitze zu sehen, wieder andere halten die äußersten Astspitzen besetzt. Schließlich gibt es noch einen Vogel mit auffallendem Schnabel, der es allein auf die Zapfen abgesehen hat. Achten wir neben dem Verhalten jetzt auf Aussehen und Gestalt, so lassen sich fünf Arten unterscheiden: Der Specht hämmert Bohrgänge von Insekten unter der Rinde auf, der kleine Baumläufer mit feinem Schnabel sucht Insekten in feinen Ritzen der Rinde, der Fliegenschnäpper jagt fliegende Insekten und startet immer wieder von der Baumspitze aus, das sehr kleine und leichte Goldhähnchen wird auch von den ganz dünnen Astspitzen getragen und findet hier Insekten. Der Kreuzschnabel schließlich kann mit seinem besonderen Schnabel ideal die Samen aus den Na-

---

Fruchtfleisch getrennt, indem man mit den stumpfen und leicht gebogenen Teilen der Werkzeuge ringsherum zwischen Fruchtfleisch und Schale fährt.

delbaumzapfen herauslösen.[49] Jede Vogelart hat sich auf einen ›Beruf‹ spezialisiert. Eine genauere Analyse der Körpergestalt der verschiedenen Arten ergibt eine Fülle von faszinierenden Anpassungen an die jeweilige ökologische Nische (die Idee), an die ›Lizenz‹, welche die Umwelt für einen bestimmten ›Beruf‹ jeweils vergibt. Die Gesamtheit dieser Anpassungen, also das faktische Sosein der Art, kann man mit Platon als Art und Weise einer Teilhabe an der Idee einer Art verstehen, welche ganz unabhängig und schon vor dem Auftreten von Organismen dieser Art existiert.[50]

Mir kommt es nun besonders darauf an, anhand solcher Beispiele diejenige Bewegung des Erkennens oder Verstehens nachzuvollziehen (und zwar gewissermaßen *in actu*), die man ›eine Idee schauen‹ nennen könnte. Im Falle des Werkzeugs aber auch der biologischen Art hat diese Schau etwas damit zu tun, dass man (vielleicht plötzlich) den Gegenstand in einem sehr starken Sinn von seiner Umgebung her sieht: man sieht seine Funktion, jenen Teil einer Praxis, der ihn ausmacht und definiert, man sieht seine Stelle in der Welt, man sieht jenen Teil der Welt, der ihn vorzeichnet, ermöglicht, ja auf bestimmte Weise sogar hervorbringt. Indem man hier eine Idee schaut, hat man auch verstanden, welcher Art die exklusive ontologische Beziehung der Teilhabe des Gegenstands an der Idee ist. Und man hat (zumindest anhand dieser Beispiele) eine Ahnung davon, was Platon mit dem Reich der Ideen gemeint haben könnte: Ideen kann man sich vorstellen als Potenziale der Welt, die über die faktisch existierenden Dinge hinausragen und welche sie ermöglichen. Das einzelne Exemplar eines Dings erreicht nie jenes Ideal, welches die Idee definiert.

Dies ist natürlich nicht der ganze Platon, die Beispiele betreffen nur die Gruppe der Dinge und Lebewesen. Als Erweiterung kann aber leicht jenes Beispiel dienen, an welchem die Ideenlehre viel-

---

49  Nach Günther Osche, *Evolution. Grundlagen, Erkenntnisse, Entwicklungen der Abstammungslehre*, Freiburg i.Br. 1979, 61.

50  Die Vorzeichung oder Determination durch die Nische ist natürlich nicht absolut; gäbe es gar keine Vögel, könnten die meisten der beschriebenen Nischen auch von kleinen Säugetieren besetzt werden. In die faktische Gestalt geht auch ein vorhandener Genotyp ein (der freilich auch in der Natur und damit in einer Umwelt entstanden ist). Inwiefern dies einen Unterschied zu Platon darstellt, müsste allerdings erst noch erörtert werden.

leicht schon am häufigsten erklärt worden ist, nämlich das Beispiel des Kreises, also einer mathematischen Figur. Im *7. Brief* 342 a-343 a unterscheidet Platon bekanntlich Name, Definition, Abbild und richtige Erkenntnis (Einsicht, wahre Meinung) des Kreises von dem Kreis selbst (dem wahren Sein oder der Idee des Kreises). Erst wenn man, so Platon, die ersten vier miteinander begreift, gelingt einem die Schau des fünften, des eigentlichen Kreises. Ausdrücklich betont Platon, dass es zu dieser Erkenntnisbewegung keine Alternative gibt, insbesondere ergibt sich die Schau des Kreises selbst (seines wahren Wesens) nicht auf einem rein sprachlichen Weg, das Wissen der Idee ist kein propositionales Wissen.

Das Formulieren richtiger Sätze über die Ideenlehre verhilft in einem wesentlichen Sinn noch nicht zu einem solchen Verständnis des Ideenbegriffs, von dem man sagen kann, dass einem ein Licht aufgegangen ist. Dies sollten die eingangs zitierten Beispiele aus den Philosophielehrbüchern deutlich machen. Es reicht nicht, Platon so zu verstehen, dass man seine Philosophie in zentralen Aspekten wiedergeben kann – etwas muss einem vielmehr unmittelbar einleuchten, auch wenn sich dieses Einleuchten auf wenige Beispiele beschränkt und Platons Philosophie noch umfangreicher sein mag (auch hinsichtlich der Bedeutung der Nichtpropositionalität und des Esoterischen): Im Falle eines Wissens wie dem Ideenwissen, das nicht voll propositional formulier- und tradierbar ist, kann Verstehen nur auf eine Weise geschehen, *die zugleich ein (zumindest partielles) Überzeugtsein vom Wahrheitsanspruch des zu Verstehenden mit umfasst.*[51] Das zu Verstehende muss gewissermaßen in der ersten Person nachvollzogen werden, damit es einem überhaupt einleuchten kann. Bezogen auf den Ideenbegriff bedeutet dies, dass alles darauf ankommt, *nicht nur zu sagen, sondern zu zeigen*, d.h. nicht nur eine propositional verfasste Lehre von den Ideen zu vermitteln, son-

---

51  Mit dieser Formulierung lehne ich mich an eine These Panikkars an (vgl. Raimundo Panikkar, »Verstehen als Überzeugtsein«, in: Hans-Georg Gadamer u. Paul Vogler (Hg.), *Philosophische Anthropologie*, zweiter Teil, Stuttgart, München 1975, 132-167, hier: 137 ff. (Neue Anthropologie, 7)). Panikkar geht es um interkulturelle Verstehensprozesse. Er möchte darauf hinaus, dass ein fremder kultureller Wahrheits- oder Geltungsanspruch so lange verschlossen bleiben muss, wie man sich ihn gewissermaßen nicht zu Eigen macht.

dern anhand geeigneter Beispiele jeweils ein nichtpropositionales Ideenwissen hervorzurufen. Nur wo beispielhaft eine Ideenschau vollzogen wird kann es ein adäquates Wissen vom platonischen Ideenbegriff geben.

Thomas Rentsch

# »Am Ufer der Vernunft« –
# Die analytische Komik Karl Valentins als
# Paradigma literarischen Philosophierens

> Die Ergebnisse der Philosophie sind die
> Entdeckung irgendeines schlichten Un-
> sinns und Beulen, die sich der Verstand
> beim Anrennen an die Grenzen der Spra-
> che geholt hat.
>
> Ludwig Wittgenstein

> Wenn er [Valentin] wo hingehört, dann
> unter die Philosophen.
>
> Franz Blei

Angesichts des Themas ›Literatur und Philosophie‹ stellt das Werk
Karl Valentins aus drei Gründen eine besondere Herausforderung
dar. Erstens, weil Valentin in seinen komischen Sprachspielen tatsächlich genuin philosophische Probleme behandelt; zweitens, weil
er mit seiner spezifischen Methode des sprachlichen Witzes auf ge-
niale Weise Einsichten der Sprachphilosophie des zwanzigsten Jahrhunderts vorwegnimmt und bewusst gestaltet; drittens, weil aus diesen Gründen ein tieferes Verständnis der Texte Karl Valentins ohne
die explizite Reflexion auf die enge Verbindung von Literatur und
Philosophie kaum möglich ist. Die Sprachkritik in Valentins komi-

schen Dialogen eröffnet auch didaktische Möglichkeiten, die am Ende dieses Beitrages erläutert werden.

## 1. Valentin als Philosoph der Moderne: Komik an den Grenzen der Sprache

Die folgende Untersuchung* unternimmt einen neuen, noch unge-
wohnten Zugriff auf das Werk Karl Valentins. Angesichts der vielen
Stimmen, die vom *Philosophen Valentin* sprechen, ist es einen Versuch wert, sich einmal ernsthaft auf diese Stimmen einzulassen – sie
nicht lediglich als selbst halb scherzhafte Hinweise auf eine kauzige
Weltfremdheit zu verstehen.

Das Ergebnis ist überraschend. Es zeigt sich nämlich, daß die
Sprachkomik Valentins auf ihre Weise genau jenes »Anrennen an
die Grenzen der Sprache« praktiziert, das für die moderne Sprachphilosophie – deren Entstehung und Geschichte zeitgleich mit Valentins Werken liegt – Anlaß zu ihren sprachkritischen Untersuchungen gab und gibt. Und dies nicht etwa nur gelegentlich, punktuell
und zufällig: In vielen Texten nutzt Valentin die Grenzen der Sprache durchgängig zur Komisierung.

Die Perspektiven, die sich aus dieser – bisher nur geahnten –
Tatsache ergeben, lassen sich vorgreifend so formulieren:

1. Komik war zwar stets ein Grenzphänomen. Bis ins neunzehn-
te Jahrhundert setzte sie ein festes soziales oder ethisches Bezugs-
feld voraus. Die Komik Valentins ist demgegenüber *in ihrem Wesen
modern*, weil sie solche besonderen normativen Bezugsfelder nicht
mehr kennt: Sie bezieht sich nicht mehr *partikular* auf bestimmte
soziale, moralische oder politische Situationen, sondern *universal*
auf die Sprach- und Weltsituation des Menschen, auf deren Räum-
lichkeit, Leiblichkeit und Zeitlichkeit, auf das ganze menschliche
Leben, auf die Form der Welt – wie die Philosophie und die moderne Dramatik (z.B. Beckett). Sie radikalisiert sich so zur autonomen
Komik.

---

\*    Eine frühere Fassung erschien in: Helmut Bachmaier (Hg.), *Kurzer Rede langer
Sinn. Texte von und über Karl Valentin*, München 1990, 13-42.

2. Dieser entscheidende Schritt zur Komisierung der Weltsituation des Menschen, zur Komisierung der Grenzen der Vernunft, des
Verstandes und der Sinnlichkeit, dieser Schritt bedeutet eine emi-
nente Aufwertung der Valentinschen Texte: Während eine weit ver-
breitete Auffassung die Unablösbarkeit dieser Texte von der Person
des Vortragenden Valentin behauptet, kann von nun an von ihrem
*ästhetischen Eigenleben* – unabhängig von ihrer Präsentation durch
Karl Valentin – in striktem Sinne die Rede sein.

Die Universalität und ästhetische Autonomie der Komik Valentins kommt auf besondere Weise durch ihre philosophische Tiefen-
dimension zustande, die im folgenden freigelegt wird. Zu diesem
Zweck sind zunächst einige grundsätzliche Bemerkungen zur Entwicklung der modernen Philosophie und Sprachkritik und insbesondere zur Rede von den »Grenzen der Sprache« unumgänglich.

## 2. Philosophie und Sprachkritik:
## Verhexung unseres Verstandes
## durch die Mittel der Sprache

Wenn wir nach dem Fin de siècle fragen, worin der eigentlich gra-
vierende Beitrag der Philosophie im zwanzigsten Jahrhundert besteht, so werden nicht wenige diesen Beitrag in der Wende der Philosophie von der Ontologie und der Bewußtseinsphilosophie zur
Sprachkritik sehen. Die sprachkritische Wende setzte, ob als »logische Analyse der Sprache des Alltags« oder als »Idealsprachenpro-
gramm«, weltweit die methodischen und systematischen Maßstäbe
für ganze Generationen. Die These dieses Aufsatzes ist, daß wir das
eigentümliche Wesen der Komik Karl Valentins nur dann zu erkennen vermögen, wenn wir seine Nähe zu den grundsätzlichen Einsichten der kritischen Sprachphilosophie präzise freilegen. Auf seine
Weise nämlich gewinnt Karl Valentin in abgründigen Sprachspielen
Einsichten, die sich sonst so nur in Hauptwerken der Analytischen
Philosophie finden. Mein Beitrag soll daher die Interpretationskate-
gorie einer Analytischen Komik für das spezifische Wesen der
Sprachkunst Karl Valentins einführen und begründen, um damit

dem »Rätsel«, dem »Geheimnis« seiner einzigartigen Leistung näherzukommen.

Zu diesem Zweck müssen wir uns zunächst mit der systematischen Grundeinsicht der sprachkritischen Philosophie vertraut machen. Sie läßt sich so formulieren, daß *jede* Art des Verständlichmachens einer Sprache selbst bereits eine Sprache voraussetzt und voraussetzen muß. Somit können wir, wie Ludwig Wittgenstein klassisch feststellt, mit der Sprache »nicht aus der Sprache heraus«,[1] weil uns die Struktur der Welt *ebenso wie auch* die Struktur unseres Bewußtseins *nur* über bereits intern geregelte (strukturierte) Verhältnisse unserer Sprache zugänglich wird. Auf das *Nicht* in diesem Nicht-Herauskönnen sei bereits hingewiesen: Es zeigt die *Grenze* menschlichen Vermögens an und indiziert die fundamentale *praktische Negativität,* die zum Grundzug des Werkes Karl Valentins – auf all seinen Ebenen – gehört.

Der einzig gangbare Weg einer möglichen Vernunftkritik besteht gemäß der sprachkritischen Einsicht im *Bewußtmachen der Grenzen* jeder Sinnanalyse und Sinnkritik selbst. Alle ontologischen Versuche, über die »Welt an sich«, ohne Berücksichtigung der logisch-grammatischen Verfassung der dazu verwendeten sprachlichen Mittel zu sprechen, sind zum Scheitern verurteilt. Warum? Weil man dann unweigerlich genötigt wird, eine Konstruktion von der Art einer »Widerspiegelung« oder »Abbildung« der Realität in *der Sprache* auszuführen. Wenn wir jedoch unseren Sprachgebrauch durch eine »Übereinstimmung« unserer Sätze mit der Wirklichkeit zu erläutern versuchen, können wir dies wiederum nur in der Form von Sätzen tun, die die Regeln ihrer jeweiligen logischen Grammatik – die Regeln ihres jeweils korrekten Gebrauchs – bereits wieder voraussetzen. Selbst wenn wir lediglich auf etwas Wahrnehmbares in der Wirklichkeit *zeigten,* so gehörte doch dieser deiktische Akt wiederum zu einem sprachlichen Ausdruck: Er könnte also auch wieder nur im Zusammenhang einer (komplexen) Sprachpraxis verstanden werden.

Die *Form* dieser Zeige-Praxis *sehen* wir nicht unmittelbar, nicht »realistisch«, nicht »ontologisch«. Wir können diese Form, diese

---

1 Ludwig Wittgenstein, *Philosophische Bemerkungen*, Frankfurt/M. 1981, § 6.

kategoriale Strukturiertheit, weder von vermeintlich vorgängigen, sinnkonstitutiven »Seinsstrukturen«, noch von vermeintlich ursprünglichen »Bewußtseinsstrukturen« ablesen, kurz: wir erhalten die Gebrauchsregeln unserer Sprache von *nichts* vermeintlich Vorgängigem oder Ursprünglichem. Mit dieser sprachkritischen Einsicht Freges und Wittgensteins verläßt die Philosophie sowohl das Paradigma der aristotelischen Substanzontologie, welches zweitausend Jahre in Kraft war, als auch das neuzeitliche Paradigma der Bewußtseinsphilosophie, welches die bürgerliche Epoche von Descartes über Hume und Kant noch bis zu Husserl bestimmte.

Kant bezeichnete seine transzendentale Kehre als die Kopernikanische Wende. Nach der zweiten, der sprachkritischen Kopernikanischen Transformation der Philosophie hat sich die Situation der Kantischen Vernunftkritik radikalisiert. Inwiefern? Sowohl zur Konstitution der Welt als auch zur Erfassung der Subjekte der Erkenntnis gelangen wir denkend nur über die logisch-grammatischen Gebrauchsregeln der jeweiligen Gegenstandskonstitution. Die Form des Verhältnisses der Sprachpraxis zur Welt zeigt sich nur im Gebrauch unserer Sprache; denn die Wirklichkeit besteht nicht aus »vorhandenen« Tatsachen im Sinne einer naiv-realistischen Ontologie, und auch nicht aus mentalistisch gegenständlichen »Tatsachen des Bewußtseins«, sondern jegliche Tatsache ist uns nur in einer bestimmten sprachlichen Präsentationsweise gegeben.

Kant hat nun im Zentrum seiner Analysen herausgestellt, daß die menschliche Vernunft durch »einen Hang ihrer Natur getrieben« wird,[2] beständig ihre Grenzen zu überschreiten. Somit entsteht der Philosophie als Vernunftkritik die Aufgabe, den Kampf gegen den Schein aufzunehmen, der durch diesen verhängnisvollen Hang jederzeit möglich ist. Die ganze Negativität der entstehenden Problemlage artikuliert sich im Diktum Wittgensteins: »Die Ergebnisse der Philosophie sind die Entdeckung irgendeines schlichten Unsinns und Beulen, die sich der Verstand beim Anrennen an die Grenzen der Sprache geholt hat. Sie, die Beulen, lassen uns den Wert jener Entdeckung erkennen.«[3]

---

2   Immanuel Kant, *Kritik der reinen Vernunft*, B 825.
3   Ludwig Wittgenstein, *Philosophische Untersuchungen*, Frankfurt/M. 1971, § 119.

Dieser Satz steht eindeutig in der Tradition von Wittgensteins Lehrer Gottlob Frege. Frege hatte, hundert Jahre nach der *Kritik der reinen Vernunft,* die systematischen Möglichkeiten der Vernunftkritik so präzisiert, daß es die Aufgabe der Philosophie sei,

> »die Herrschaft des Wortes über den menschlichen Geist zu brechen, indem sie die Täuschungen aufdeckt, die durch den Sprachgebrauch über die Beziehungen der Begriffe oft fast unvermeidlich entstehen, indem sie den Gedanken von demjenigen befreit, womit ihn allein die Beschaffenheit des sprachlichen Ausdrucksmittels behaftet«.[4]

Wir stehen, so Frege, im »Kampf mit der Sprache«;[5] und so bestimmt Wittgenstein das Wesen der philosophischen Arbeit als einen »Kampf gegen die Verhexung unseres Verstandes durch die Mittel unserer Sprache«.[6]

## 3. Grenzen der Sprache

Wie läßt sich nun dieses »Anrennen« bzw. diese »Verhexung« näher charakterisieren? Das Anrennen besteht, zunächst ganz allgemein gesprochen, in dem Versuch, *gegen die (jeweilige) Gebrauchssituation der Sprache anzuhandeln, gegen die (je spezifischen) Voraussetzungen des Sprachgebrauchs zu verstoßen.* Die Verstöße rächen und zeigen sich in der Entstehung *sinnloser* sprachlicher Gebilde: z.B. »Primzahlen sind hellgrün«, oder »Die Welt ist höher als lang« – im letzten Satz wird über die Welt wie über einen Gegenstand in der Welt geredet. Das Anhandeln zeigt sich aber auch in der Entstehung *absurder* Situationen der Handlungsunfähigkeit und Desorientierung, z.B., wenn ich während eines Beerdigungsrituals den amtierenden Geistlichen frage, wieviel Uhr es ist. Wiederum wird sicht-

---

4   Gottlob Frege, *Begriffsschrift, eine der arithmetischen nachgebildete Formelsprache des reinen Denkens,* Halle 1879, Nachdruck Darmstadt 1974, XII f.

5   Gottlob Frege, »Der Gedanke. Eine logische Untersuchung«, in: ders., *Logische Untersuchungen,* hg. v. Günter Patzig, Göttingen 1966, 30-53, hier: 40, Fn. 4.

6   L. Wittgenstein, *Philosophische Untersuchungen,* § 109.

bar, daß mit der sprachkritischen Wende der Vernunftkritik kein linguistischer Idealismus verbunden sein darf, der sich etwa auf die semantischen und syntaktischen Formen der Sprache allein meint beziehen zu können, ohne die ganzen praktischen Situationen in der Realität unseres Lebens zu berücksichtigen, in denen ein Sprachgebrauch nur stattfinden und Sinn haben kann.

Die Formen eines möglichen Anrennens, einer möglichen Verhexung, erstrecken sich nämlich auf die *ganze* Sprache und die *ganze* menschliche Praxis zumal und uneingeschränkt. Die philosophische Sprachkritik hat es dementsprechend sowohl mit »kleinen«, lokalen Phänomenen der Konfusion zu tun, als auch mit »großen«, kapitalen und totalen Phänomenen der Sinnverwirrung, die sich auf das ganze Lebens- und Weltverständnis auswirken – mit möglicherweise katastrophalen Konsequenzen.

Welche Kategorien des Anrennens, der Verhexung, lassen sich (neben anderen) unterscheiden? Anders formuliert: Welche Grenzen der Sprache lassen sich angeben? Ich nenne exemplarisch sieben Fälle:

1. Der Fall des einfachen *Kategorienfehlers*. Er entsteht, wenn wir die kategorialen Begrenzungen des sinnvollen Sprachgebrauchs *gegeneinander verschieben* und so die kategorialen Grenzen verletzen. So haben z. B. Zahlen (s. o.) keine Farben. Zahlen und Farben bilden verschiedene kategoriale (»logische«, »logisch-grammatische«) Regionen. Dies ist *a priori* so, und wenn wir es nicht beachten, dann entsteht Unsinn.

2. Das Ignorieren des *Vereinbarungscharakters* weiter Teile der Sprache, wie er sich in der Grundunterscheidung der *analytischen* von den *empirischen Sätzen* (Urteilen, Wahrheiten) manifestiert. Die analytischen Sätze sind wahr aufgrund unserer Vereinbarungen, nicht aufgrund unserer Erfahrungen. So kann ich z.B. nicht aufgeregt hereingestürmt kommen, um bekanntzumachen: Donnerwetter, ich habe jetzt herausgefunden: Junggesellen sind unverheiratet! – Oder ich beobachte fortwährend Schachwettkämpfe und finde auf diese Weise heraus: So zieht der Turm! – Die *Grenze* analytisch/empirisch wäre verletzt.

3. Das Mißverständnis, wir könnten alle Worte *explizit definieren*. Wir stoßen hier auf den grundsätzlichen Fall der *Grenze einer definitorischen Praxis*. Es stellt sich die Grundfrage: Können wir

alle Worte im Sinne einer expliziten Definition in ihrem Gebrauchs-
sinn *erklären?* Bei »großen Worten« wie z.B. »gut«, »Liebe«,
»wahr«, »Geist«, »Gott«, »Seele« scheint dies sehr zweifelhaft, hier
scheinen sich die unlösbaren Rätsel der Metaphysik aufzudrängen.
Daß es aber nicht nur bei solchen Worten so steht, ist eine weitreichende Einsicht, die wir nicht leicht gewinnen. Damit hängt die Frage zusammen, ob uns *nur* durch definitorische Maßnahmen im engeren Sinne die *Gemeinsamkeit* – die *Nicht-Privatheit* – unseres Wort-
gebrauchs gesichert werden kann. Anders gesagt: Mit der Frage
nach den Möglichkeiten der Einführung von Worten hängt die Frage
zusammen, ob wir als einzelne Subjekte, als »Privatpersonen« über
den Wortgebrauch – etwa gemäß unserer »ureigensten« Erfahrungen
und Empfindungen – bestimmen und disponieren können.

4. Eine weitere *grundsätzliche Grenze der Sprache* ist – so können wir, etwas riskant, formulieren – die Welt, die *Wirklichkeit*
selbst, bzw. Gegenstände in ihr. Auf welche Weise bezieht sich ein
Wort auf einen Gegenstand? Eine solche Frage stellt sich z.B. bei
dem fundamentalen Fall der *deiktisch* – d.h., mit Hilfe einer Zeige-
Geste – gestützten Rede. Die Sprachkritik besteht hier hinsichtlich
bestimmter Illusionen über die Möglichkeit einer eindeutigen Bezugnahme eines Wortes auf einen Gegenstand, hinsichtlich einer
*eindeutigen Referenz.*

5. Eine fundamentale interne Grenze der Sprache ist ihre jeweils
mögliche *Genauigkeit.* Wie genau können Sätze der Sprache eigentlich überhaupt (jeweils) sein? Der stets drohende Fehler ist hier der
unangemessene Umgang mit der jeweils gebotenen Genauigkeit.

6. Eine weitere Grenze der Sprache ist ihre *unüberwindbare Situationsbezogenheit,* ihre nicht wegzubringende Kontextgebunden-
heit. Aller Sprachgebrauch findet ja in konkreten Situationen statt.
Diese Situationsabhängigkeit darf nicht verkannt werden.

7. Eine letzte, *definitive Grenze* der Sprache ist das *menschliche
Leben.* Es ist uns als Menschen schlechthin unmöglich, die Sprache
außerhalb unseres Lebens zu gebrauchen. Wir können uns mit der
von uns verwendeten Sprache gleichsam nicht außerhalb unseres Lebens aufstellen. Diese wahrhaft *existentielle* Grenze ist metaphy-
sisch von größter Bedeutung. Der hier mögliche Grundfehler ist der
Versuch existenztranszendierender Rede.

Diese sieben Beispiele für Fälle möglichen Anrennens an die
Grenzen der Sprache sind auch Beispiele für den Aufgabenbereich
der philosophischen Sprachkritik. Denn solche Fehler schleichen
sich mit besonderer Vorliebe in die Philosophie und in die Wissenschaften selber ein, so daß die Philosophie zur Philosophie- und
Wissenschaftskritik wird.[7]

## 4. Philosophischer Witz und Valentins Komik

Die semantische Sinnlosigkeit sowie die beim Anrennen unweigerlich entstehende pragmatisch-situative Absurdität – sie können ko-
misch wirken und zum Lachen bringen. Dieser Sachverhalt läßt sich
so formulieren: *Zu all den sprachanalytischen Bemühungen der Philosophie als Sinn- und Vernunftkritik, die das Anrennen betreffen,
gibt es literarisch-komische Parallelen.* Wolfgang Preisendanz hat
dies in seiner Vorlesung Über den Witz[8] unter dem Motto »It is only
in language that one can mean something by something« (Wittgenstein) bereits an seiner Thematik deutlich gemacht. Er weist darauf
hin, daß »Witz« begriffsgeschichtlich im Kern die glückhafte »Ver-
einigung von Erfindungsgabe und Urteilskraft, von Phantasie und
Scharfsinn« bedeutete.[9] Er bezieht sich auf den Philosophen Plessner:

> »Helmuth Plessner sagt in seiner hervorragenden Studie *La-
> chen und Weinen*, im Witz offenbare sich dem Menschen
> ›sein doppeltes Verhältnis zur Sprache‹, nämlich ›in ihr zu re-
> den und gegen sie zu reden‹. Diese so bündige wie erhellende
> Formulierung scheint ins Schwarze zu treffen; denn könnte
> man nicht sagen, letzten Endes werde in fast allen meinen

---

7   Vgl. zur Philosophiekritik exemplarisch: Rudolf Carnap, *Scheinprobleme in
    der Philosophie. Das Fremdpsychische und der Realismusstreit*, Frankfurt/M.
    1971; Gilbert Ryle, *Der Begriff des Geistes*, Stuttgart 1969.
8   Wofgang Preisendanz, *Über den Witz*, Konstanz 1970.
9   Ebd., 7 f.

Beispielen irgendwie in der Sprache gegen die Sprache geredet?«[10]

Preisendanz schränkt diese Bestimmung dann allerdings auf spezifische Formen der Komisierung ein. Gleichwohl läßt sich auf der Linie von Plessner und Preisendanz und mit Blick auf die philosophische Thematik des »Anrennens« eine grundsätzliche Frage formulieren, die uns zu unserem eigentlichen Thema, zur Komik Karl Valentins, führt. Wenn es sich bei der Komik auch, häufig, oder sogar im wesentlichen, um ein Reden *gegen* die Sprache *in* der Sprache handelt: Ist *dann die Komik überhaupt und gänzlich philosophisch? Oder gibt es eine genuin philosophische Komik?* Ist die Sprachkomik schon *per se* philosophisch, oder ist die *philosophische* Sprachkomik ein besonderer, wenn auch bedeutender Fall?

Die Komik Karl Valentins in ihrer Eigenart läßt mich die zweite These vertreten, und dies soll im folgenden begründet werden. Genau diese Eigenart läßt sich nämlich präzise nur mit sprachphilosophischen Mitteln erfassen.

Karl Valentins Komik praktiziert auf subtile Weise das Anrennen gegen die Grenzen der Sprache, das Reden gegen die Sprache in der Sprache. *Daß* diese Komik philosophisch ist, wurde bisher nicht gesehen und vor allem nicht begriffen. Daraus erklären sich hermeneutische Unzulänglichkeiten bisheriger Interpretationen[11]: Sie leiden, beziehen sie sich auf die Sprachkunst Valentins intern, an rhetoriktheoretischen Engführungen und, beziehen sie sich auf die Person Valentin, an sozialpsychologischen Depotenzierungen.

Solchen gegenwärtigen Interpretationsversuchen stehen Beurteilungen berühmter Zeitgenossen des Künstlers in eigentümlicher Diskrepanz gegenüber. Rilke war begeistert von seinen Aufführungen. Gleiches gilt für Thomas und Heinrich Mann, für Franz Blei, Lion Feuchtwanger, Kurt Tucholsky, Alfred Polgar, Fritz Kortner und Max Reinhardt. Brecht arbeitete in der Theatergruppe von Valentin

---

10  Ebd., 29.
11  Vgl. z.B. folgende Arbeiten: Helmut Schwimmer, *Karl Valentin. Eine Analyse seines Werkes mit einem Curriculum und Modellen für den Deutschunterricht*, München 1977; Armgard Seegers, *Komik bei Karl Valentin. Die sozialen Mißverhältnisse des Kleinbürgers*, Köln 1983; Klaus Zeyringer, *Die Komik Karl Valentins*, Frankfurt/M., Bern, New York 1984.

mit und drehte dann mit ihm einen Film. Er führte die spätere Insze-
nierungspraxis seines epischen Theaters auf Anregungen Valentins
zurück, so daß der V-Effekt als das Grundprinzip des epischen
Theaters durchaus nicht nur Verfremdungs-Effekt, sondern auch Va-
lentin-Effekt bedeuten kann. Offenbar erhielt auch Samuel Beckett
bei seinem Aufenthalt in München wesentliche Anregungen durch
Aufführungen des Komikers. Den oft begriffslosen Interpretationen
der Gegenwart steht die immer wiederkehrende Beurteilung der un-
ableitbaren Einmaligkeit Karl Valentins gegenüber, die z.B. auch
Franz Blei gibt. Er lehnt es ab, ihn mit Nestroy, mit Chaplin, mit
überhaupt einem anderen Komiker zu vergleichen:

> »Nein, auch ein Vergleich macht ihn nicht bestimmbarer. Er
> ist etwas ganz für sich. Wenn er wo hingehört, dann unter die
> Philosophen.«[12]

Und immer wieder wird vom »Geheimnis«, vom »Rätsel« Karl Valentin gesprochen – übrigens auch von Leuten, die mit ihm recht gut
bekannt waren (falls dies möglich war!) –, so von Wilhelm Hausenstein.

## 5.   Formen der Sprachkritik bei Valentin

Versuchen wir, dem Geheimnis philosophisch auf die Spur zu kommen. Analysieren wir demgemäß exemplarisch Formen der Komisierung bei Valentin, die ein Anrennen im erläuterten Sinne prakti-
zieren und somit einschlägige Fälle philosophischer Komik sind.

### 5.1  Kategorienfehler

Der angelsächsische Sprachphilosoph Gilbert Ryle sieht die wesentliche Aufgabe der Philosophie darin, Kategorienfehler aufzudecken
und zu vermeiden. Er exemplifiziert sie in seinem Hauptwerk *Der
Begriff des Geistes* (*The concept of mind*, 1949) z.B. so: Einem Be-

---

12   Franz Blei, »Der Clown Valentin«, in: *Der Querschnitt* 4 (1924), 250.

sucher soll die Universität gezeigt werden: Das ist das Auditorium Maximum. Dort ist die Mensa. Hier befinden sich die Räume der Mathematiker – usf. Und nun fragt der Besucher: Ja, diese Räume habe ich alle gesehen – aber wo ist denn nun *die Universität?* Oder: Zwei Freunde sehen ein Fußballspiel. Sie verfolgen die spannenden Aktionen der Spieler. In der zweiten Halbzeit ruft der eine: »Unwahrscheinlich, dieser *Mannschaftsgeist!*« Der andere darauf: »Wo steht der denn? Ich sehe ihn nicht, ich sehe nur die Spieler.«[13]

Solche und ähnliche Kategorienverwechslungen sind komikkonstitutiv für Karl Valentin. So im Dialog *Hausverkauf:*

| Liesl Karlstadt: | Sind Hypotheken drauf? |
| Karl Valentin: | Nein, nur ein Kamin.[14] |

Oder im Dialog *Jagdsport:*

| Karl Valentin: | Na! Ich bin doch Fischer auch. |
| Liesl Karlstadt: | Soso, Sie sind auch Fischer? |
| Karl Valentin: | Ja! Ich *bin* Fischer! Ich hab amal einen Bekannten ghabt, der *heißt* Fischer, und den hab ich amal gfragt, warum er eigentlich Fischer heißt, das hat der gar nicht gewußt.[15] |

Diese Ausnutzung der kategorialen Sprachgrenzen für komische Zwecke durchzieht das Werk Valentins. In *Wo ist meine Brille?* z.B.:

| Mann: | … wo sie jetzt liegt, das will ich wissen! |
| Frau: | Ja, wo sie jetzt liegt, das weiß ich auch nicht, irgendwo wird's schon liegen, |
| Mann: | Irgendwo! Freilich liegt's irgendwo – aber wo – wo ist denn irgendwo? |
| Frau: | Irgendwo? Das weiß ich auch nicht – dann liegt s'halt woanders! |

---

13  Vgl. G. Ryle, *Der Begriff des Geistes*, 14 f.
14  Karl Valentin, *Hausverkauf,* in: ders., *Gesammelte Werke in einem Band,* hg. v. Michael Schulte, München, Zürich ²1986, 234. – Ich zitiere nach dieser Ausgabe, die fortan mit der Sigle *GW* abgekürzt wird.
15  Karl Valentin, *Jagdsport,* in: *GW* 232.

| Mann: | Woanders! Woanders ist doch irgendwo. |
| Frau: | Ach, red doch nicht so saudumm daher, woanders kann doch nicht zu gleicher Zeit woanders und irgendwo sein! ...[16] |

Der Unsinn beim Anrennen an die Grenzen der Sprache (das »saudumme Gerede« in Valentins Diktion) ergibt sich hier, sprachanalytisch ausgedrückt, daraus, daß ein ortsbezogener logischer Quantor (»Die Brille ist irgendwo« bedeutet: »Es gibt einen Ort, wo die Brille ist«) mit einem Ortsnamen verwechselt wird. In *Die Mondrakete* wird ein logischer Indikator (»übermorgen«), der nur auf die Gegenwart bezogen sinnvoll gebraucht werden kann, wie ein zeitliches Situationsattribut verwendet. Die Rakete kann erst bei Windstille starten:

| Karl Valentin: | Müssen wir morgen fliegen. |
| Liesl Karlstadt: | Geh, red kein Schmarrn, morgen kann auch ein Wind gehn. |
| Karl Valentin: | Dann fliegen wir halt übermorgen. |
| Liesl Karlstadt: | Weißt du das so gewiß, daß übermorgen kein Wind geht? |
| Karl Valentin: | Übermorgen geht selten ein Wind.[17] |

Einen gravierenden Fall der Kategorienverwechslung nutzt Valentin so aus, daß er gewissermaßen Rudolf Carnaps Metaphysikkritik an Martin Heideggers Antrittsvorlesung *Was ist Metaphysik?* in seiner Komik reproduziert. Heidegger hatte in seiner berühmt-berüchtigten Vorlesung »das Nichts« thematisiert, sowie dessen Aktivität als »nichten« bestimmt; »Das Nichts nichtet unausgesetzt.«[18] Carnap kritisierte Heidegger 1931 in seinem Aufsatz *Überwindung der Metaphysik durch logische Analyse der Sprache*. Nach Carnap entstehen die »Scheinsätze« der Heideggerschen Vorlesung, indem aus »sinnvollen Sätzen der üblichen Sprache«, wie z.B.

»Was ist draußen? Draußen ist Regen. Wie steht es um diesen Regen? Wir kennen den Regen. Der Regen regnet.«

---

16  Karl Valentin, *Wo ist meine Brille?*, in: *GW* 201.
17  Karl Valentin, *Die Mondrakete*, in: *GW* 487.
18  Martin Heidegger, *Was ist Metaphysik?*, Frankfurt/M. [11]1975, 36.

wenn aus solchen üblichen Sätzen nach rein oberflächensyntaktischer Analogie folgende Bildungen entstehen:

> »Was ist draußen? Draußen ist nichts. ›Wie steht es um dieses Nichts?‹ ›Wir suchen das Nichts‹. ›Wir finden das Nichts‹. ›Wir kennen das Nichts‹. ›Das Nichts nichtet‹.«[19]

Die logische Form der negierten Existenzaussage, mit der Existenzquantifikation über »etwas, das draußen ist«, wird hier bei Heidegger, den Carnap in polemischer Absicht zitiert, zu einem Gegenstandsnamen; dann wird sie außerdem noch »verhext« zu einem bedeutungslosen Tätigkeitswort: »nichten«. Über die Kontroverse Carnap-Heidegger kann ich an dieser Stelle nicht richten[20]; fest steht aber, daß sich die genaue Entsprechung sowohl der Heideggerschen Vergegenständlichung der Negation (des »Negators«) wie auch der Carnapschen Sinnkritik daran in Karl Valentins Text *Beim Zahnarzt* findet. Xaver hat vor lauter Zahnweh drei Nächte nicht geschlafen:

> »Ganz hint in der Eck hat er an Stockzahn, a Mordstrumm, aba hohl wia a alter Trankhafa [= Viehtränke]. Da Xaver sagt, des kann er net versteh, wenn do a Zahn hohl is, dann is doch im Zahn nix drin«

– dies ist die negierte Existenzquantifikation über den Inhalt des schmerzenden Zahns – aber Valentin fährt fort:

> »und wia des ›nix‹ weh toa ko, des konn er net versteh, des wui eahm gar net eigeh.«[21]

Während Heideggers Selbstinterpretation hinsichtlich der Metaphysik des Nichts folgert: »Die Idee der ›Logik‹ selbst löst sich auf im Wirbel eines ursprünglichen Fragens«,[22] und weiter: »Die vermeintliche [...] Überlegenheit der Wissenschaft wird zur Lächerlichkeit,

---

19  Rudolf Carnap, »Überwindung der Metaphysik durch logische Analyse der Sprache«, in: Hubert Schleichert (Hg.), *Logischer Empirismus – Der Wiener Kreis*, München 1975, 149-171, hier: 160.
20  Vgl. dazu Thomas Rentsch, *Heidegger und Wittgenstein. Existential- und Sprachanalysen zu den Grundlagen philosophischer Anthropologie*, Stuttgart ²2003, 244 ff.
21  Karl Valentin, *Der Menter Xaver hat Zahnweh*, in: *GW* 32.
22  M. Heidegger, *Was ist Metaphysik?*, 37.

wenn sie das Nichts nicht ernst nimmt«,[23] so löst sich bei Karl Valentin das »nix« selbst auf im Wirbel einer ursprünglichen Lächerlichkeit.

## 5.2 Vereinbarungscharakter der Sprache

In der folgenden Beispielgruppe leben die Komisierungsstrategien
Valentins davon, daß sie bewußt und systematisch den *Vereinbarungscharakter* der Sprache *verkennen.* Sprachphilosophisch können
wir sagen: Was aus unseren sprachlichen Vereinbarungen bereits auf
»analytische« Weise folgt, genau das sagt uns – im Gegensatz zu
den Tatsachen, die wir auf empirischem Wege über die Welt herausfinden – nichts *Neues.* (Das ist der Sinn von Kants Grundunterscheidung »synthetisch a posteriori« / »analytisch a priori«.) Es zeugt
vom intuitiven Genie Karl Valentins, wenn er bereits im Titel seines
Textes *Neues vom Starnberger See* genau diesen sprachanalytischen
Punkt sicher herausstellt. Der Text gewinnt seine Komik aus der entsprechenden Sprachgrenze:

> »Auf alle Fälle steht fest, daß, je weiter sämtliche Ufer eines
> Sees voneinander entfernt sind, desto größer sich also die
> Wasserfläche gestaltet. Ein See ohne Ufer wäre daher kein
> See mehr, denn einen uferlosen See hat es bis heute noch
> nicht gegeben. Dasselbe gilt auch für den Ammersee.«[24]

Auch in weiteren Texten bedient sich Valentin der analytisch leer-
laufenden Rede:

> »Die Gesellschaft im Eisenbahnwagen war sehr gemischt; es
> waren fast lauter Reisende, nur der eine Herr, der in München
> den Zug versäumte, fuhr nicht mit ...«[25]
> »Woher diese leeren Theater? Nur durch das Ausbleiben des
> Publikums. Schuld daran – nur der Staat.«[26]

---

23  Ebd., 41.
24  K, Valentin, *Neues vom Starnberger See*, in: *GW* 38.
25  Karl Valentin, *Brief aus Bad Aibling*, in: *GW* 45.
26  Karl Valentin, *Zwangsvorstellungen*, in: *GW* 47.

Bezeichnenderweise häufen sich die analytischen Leerläufe in einer Wissenschaftsparodie Karl Valentins (er wußte nicht, wie recht er hatte):

> »Die Maus [ist] nach zoologischer Feststellung ... mit einem mausgrauen Fell überzogen ... Die jungen Mäuse ... sind um ein großes Stück kleiner als die älteren ... Die Milch ist das flüssigste Nahrungsmittel außer dem Wasser. Die Milch ist an ihrer weißen Farbe erkenntlich.«[27]

Ähnlich auch in erfundenen Werbeannoncen:

> »Unsere durchsichtigen Schaufenster sind für den allgemeinen Besuch geöffnet – von morgens früh bis Schluß des Geschäftes.«[28]

Ebenso, wie »der Starnberger See« »waagerecht« daliegt, »und zwar im Freien«, und ebenso, wie »die Isar« »stromabwärts« schwimmt, so scheitert auch Karl Valentins Olympiade-Besuch kläglich. Ein Foto zeigt ihn allein im weiten Rund des Stadions, wie er von der sechsunddreißigsten Reihe aus interessiert die leeren Bänke betrachtet, die am Tag zuvor noch von Tausenden Zuschauern besetzt waren: »Nur *einen* Tag zu spät, und dennoch zu spät!«[29] An dem Beispiel »Ich, Karl Valentin, bin der Sohn eines Ehepaares« wird bereits sichtbar, daß die Sprachgrenze analytisch/synthetisch nicht strikt zu sein braucht. Hier könnte es ja auch anders sein.

## 5.3 Endlichkeit definitorischer Strategien

Von grundsätzlicher Bedeutung ist die Einsicht in die Grenze der Sprache, die mit der notwendigen *Endlichkeit definitorischer Strategien* unumstößlich gegeben ist. Auf sie hat Wittgenstein nachdrücklich hingewiesen, und bereits Frege hatte betont, daß man nicht alles definieren, nicht jeden Wortgebrauch durch eine *explizite Definition* (definitiv) festlegen könne. Viele Wortgebräuche vermögen wir gar

---

27  Karl Valentin, *Der Naturprofessor*, in: *GW* 52.
28  Karl Valentin, *Lichtbildreklamen*, in.: *GW* 642.
29  Karl Valentin, *Karl Valentins Olympiabesuch*, in: *GW* 41.

nicht explizit definitorisch zu *erklären* – so Frege –, sondern wir
können sie nur – im Verweis auf Beispiele (z.B. Muster) – *erläutern*.
Für »große Worte« scheint dies ziemlich unzweifelhaft zu sein. Valentins Virtuosität zeigt sich darin, daß er diese sprachanalytische
Grundtatsache an elementaren Beispielen bis zum Exzeß durchexer-
ziert. Und dies nicht nur auf der Bühne. Es ist bezeugt, daß er seine
»Valentiniaden« auch im täglichen Leben – zur Pein seiner Mitmen-
schen – fortsetzte, die groteske Eigenart und Exzentrizität seiner
Person in den Alltag verfremdend einbrachte. In einem Bericht von
Gusti Grunauer-Brug wird das deutlich. Aufschlußreich ist der Hin-
tergrund der Valentinschen Kant-Lektüre, die auch von Wilhelm
Hausenstein bezeugt ist:[30]

> »Nachdem Valentin in einem Werk Immanuel Kants seine
> Seelenverfassung als ›Grillenkrankheit‹ bezeichnet gefunden
> hatte, hoffte er, seinen vielfach nur eingebildeten Leiden mit
> der Philosophie beizukommen. Er fragte ›was ist Wahrheit?‹
> wie Pilatus, und forschte nach der Wirklichkeit der Erfah-
> rungswelt, um seiner Zwangsvorstellungen Herr zu werden.
> So philosophierte er einmal über diese Begriffe mit meinem
> [= Gusti Grunauers] Mann auf einem stundenlangen Spazier-
> gang im Hochsommer. […]
> ›Schaut doch den leuchtenden roten Mohn an!‹ rief ich und
> hielt ihnen einen Büschel … unter die Augen. […]
> Valentin … drehte die Mohnblüten in seinen Händen hin und
> her, roch daran, betastete sie und fragte: ›San jetzt die Blumen
> *wirklich* rot?‹«[31]

Valentin behauptet nun in seiner subtilen Art der Selbstinszenierung,
*farbenblind* zu sein, und er reproduziert damit die klassische Grund-
situation des von Wittgenstein in die philosophische Diskussion ein-
gebrachten, sogenannten *Privatsprachenarguments*. Hinsichtlich des
Augenarztes, der seine Farbenblindheit festgestellt hatte, fragt er:

---

30  Wilhelm Hausenstein, *Die Masken des Komikers Karl Valentin*, Freiburg 1948,
    24 ff. Gemeint ist Kants Schrift *Der Streit der Fakultäten*, 3. Abschnitt.
31  Gusti Grunauer-Brug, *Passiert is was. Valentiniaden erzählt von Gusti Gru-
    nauer-Brug*, München ³1960, 66 f.

»Wie möcht denn der sehng, ob i rot sehng kann, wenn i doch
aa net siehch, ob er rot sehng kann, und wenn vielleicht i rot
sehng kann, aber er net, und er meint, i siehch's net, weil er's
aa net siehcht, oder weil des, was er siehcht, gar net amal rot
is?«[32]

Hier ist ein unterstellter privater, jeweils dem einen, nicht aber dem
anderen zugänglicher Rot-Eindruck der Anlaß von Valentins Zwei-
fel und Konfusion. Seine Überlegung entspricht an dieser Stelle
Wittgensteins Reflexion auf Privatheit und Intersubjektivität in den
*Philosophischen Untersuchungen* – erstaunlicherweise stimmt sogar
das Beispiel überein:

»Das Wesentliche am privaten Erlebnis ist eigentlich nicht,
daß jeder sein eigenes Exemplar besitzt, sondern daß keiner
weiß, ob der Andere auch *dies* hat, oder etwas anderes. Es
wäre also die Annahme möglich – obwohl nicht verifizierbar
– ein Teil der Menschheit habe *eine* Rotempfindung, ein Teil
eine andere.«[33]

Der *Gegenstand* – bei Valentin der rote Mohn – kann dem Zeichen
»rot« nicht seine Bedeutung geben; aber auch kein mentales, subjek-
tives Objekt – etwa die »Empfindung ›rot‹« – kann diese Bedeu-
tungsverleihung a priori und sicher leisten. Denn der Empfindungs-
satz: »Dies scheint mir rot«, dieser Satz setzt bereits voraus, daß
sein Prädikat ›rot‹ einen öffentlichen Sinn und Gebrauch hat. Mit
seinen Fragen ist Karl Valentin in die Tiefe der Privatsprachenthe-
matik vorgestoßen, einer Thematik, die die Philosophie der Gegenwart beschäftigt.

Sehen wir zu, wie Valentin seinem Problem mit der Einführung
des Wortes »rot« Abhilfe zu schaffen sucht. Er verlangt im weiteren
Fortgang

»mittels der Philosophie ihm die Farbe rot zu beschreiben,
denn, meinte er, wenn man die Wirklichkeit definieren könne,

---

32  Ebd., 67.
33  L. Wittgenstein, *Philosophische Untersuchungen*, § 272.

so könne man auch erklären, wie rot *wirklich* sei; andernfalls wäre die ganze Philosophie ›a Dreck‹.«[34]

Aber der nach der Definition von »rot« gefragte »Philosoph« (= Grunauer) versagt. Valentin reagiert empört:

> »Da ham ma's wieder, so gscheit sein und daherreden können wie a Professor und doch net amal sagen können, wie ›rot‹ ausschaugt, daß i's aa sehng könnt! Alles können s'macha, die Menschen, Maschinen und an Krieg, an Regen macha s'schon selber in Amerika, und aufn Mond, da fliagn s'aa bald aufi. Aber ›rot‹ erklärn könna s'net.«[35]

Seine Begleiter versuchen, Valentin zu beschwichtigen, aber auf seine typisch obstinate Weise hält er an seiner Frage fest – eine Eigenart, die seine Freunde als »Valentinspirale« bezeichneten:[36]

> »Wie ›rot‹ ausschaugt, des möcht i heut no von jemand hörn, der net a so gscheit ist … In Amerika, da brauchen s' zu sowas überhaupt koa Philosophie, da ham s'was, des hoaßt ma an Test.«[37]

Sie kehren in eine Gaststätte ein. Valentin bestellt Rotwein. »Rot soll er sein, so rot als möglich.« Die Kellnerin bringt die Karaffe. Valentin fragt sie:

> »Kenna Sie mir sagn, an wos Sie merkn, daß der Wein rot is, und wie die rote Farb ausschaugt?«[38]

Die Kellnerin reagiert entgeistert. Auch ein weiterer Gast, den Valentin bittet, ihm zu »erklären«, »wie ›rot‹ is«, schreckt zurück, weil er die Frage politisch mißversteht. Schließlich wird Valentin von einem kleinen Mädchen erlöst, das, ebenso gefragt, auf ein Glas mit Himbeerbonbons deutet. Damit tut sie im Sinne von Freges Unterscheidung von »Erklärung« und »Erläuterung« bzw. im Sinne Witt-

---

34  G. Grunauer-Brug, *Passiert is was. Valentiniaden erzählt von Gusti Grunauer-Brug*, 67.
35  Ebd., 67 f.
36  Ebd., 68.
37  Ebd., 69.
38  Ebd., 70.

gensteins das einzig Richtige und das einzig Mögliche: Es erläutert
den Gebrauch des Wortes »rot«, indem es handelt, nämlich auf ein
Farbmuster, ein »Paradigma« für »rot«, verweist. Solche einfachen
Muster können nicht »erklärt«, nicht »beschrieben«, sondern nur
»benannt« werden, wie Wittgenstein ausführt.[39] Und solche Muster
– hier die Himbeerbonbons – dienen im Sprachhandlungszusam-
menhang dann eben zur Erläuterung der Bedeutung von »rot«. Valentins Komik lebte hier von der Unterstellung, wir könnten im Falle
von »rot« definitorische Merkmale angeben. Er handelte mit seinem
semantischen Erklärungsverlangen gegen die überhaupt möglichen
*Einführungssituationen* eines Wortes an. Die Sprache – das ist hier
intuitiv im Blick – wird begrenzt durch die möglichen Einführungs-
bedingungen, die keineswegs alle definitorischer Art im engeren
Sinne sind. Alles Erklären kommt, so Wittgenstein, an ein Ende. Das
Mädchen mit den Himbeerbonbons ist in dieser Valentiniade mit
Frege und Wittgenstein weiter als viele andere sprachanalytische
Philosophen der Gegenwart, die dieses An-ein-Ende-Kommen wis-
senschaftlich zu hintergehen versuchen.


## 5.4  Unbestimmtheit der Sprache

Die *Unbestimmtheit* der Sprache ist eine nicht wegzubringende
Grenze. Sie ist unüberschreitbar, keine Maßnahme kann sie außer
Kraft setzen. Willard Van Orman Quine hat immer wieder auf diese
Grenze hingewiesen. Die Titel der von ihm entfalteten Lehrstücke
für diesen grundlegenden Sachverhalt sind: »inscrutability of refe-
rence« – die *Unerforschlichkeit,* die *Unergründlichkeit des Bezugs
Wort-Gegenstand;* »indeterminacy of (radical) translation« – die
*Unbestimmtheit der Übersetzung;* schließlich »ontological relativi-

---

39  L. Wittgenstein, *Philosophische Untersuchungen,* § 48 f.

ty« – *ontologische Relativität.* Dieser Bestand an Lehrstücken[40]
stellt das meistdiskutierte Gebiet der Philosophie Quines dar.[41]

Was besagen die angesprochenen Lehrstücke im Kern? Sie sagen, daß die Deixis, das Zeigen-auf-etwas, keine stabile und definitive Referenz garantiert. Das bloße Hinweisen auf etwas Wahrnehmbares *legt nicht fest,* wovon die Rede ist. Was im voraufgehenden
Abschnitt noch durch die Intervention des Mädchens mit den Himbeerbonbons als des Rätsels Lösung erschien, das zeigt jetzt seine
Tücke. Das berühmt gewordene Beispiel Quines ist folgendes: Ein
Sprachforscher kommt zu einem ihm völlig fremden Eingeborenen-
stamm. Es sind nun Hasen in der Nähe, und ein Eingeborener zeigt
in die Richtung eines Hasen und spricht dabei das Wort *gavagai* aus.
(Dies mag sich beliebig oft wiederholen.) Und dennoch: Der Sprach-
forscher kann in sein Lexikon nicht eintragen: *gavagai* = Hase.
Denn, so Quine, er kann nicht wissen, ob sich die Zeige-Geste des
Eingeborenen auf den ganzen Hasen oder auf die Löffel oder auf
bloße Hasenphasen, also auf kurze Zeitsegmente von Hasen, bezieht. *Gavagai* könnte auch bedeuten: »von einem Hasen verdrängte
Luftmasse«, »von einer Hasenpfote berührte Stelle am Boden«,
»Löffelbewegung«, »graue Stelle am Fell«. (In altchristlicher Zeit
bedeutete der Hase als Symbol die schnell verrinnende Zeit des kur-
zen Menschenlebens.) Kurz – *gavagai* kann so ziemlich alles bedeuten.

Auch diese sinnkritische Grenzfiktion Quines hat ihre genaue
Entsprechung in der Komik Karl Valentins. Sie ist die Pointe einer
Passage im Stück *Brillantfeuerwerk oder ein Sonntag in der Rose-
nau.* Valentin will hier zur Rosenau wandern. Am entsprechenden
Wegweiser vermißt er bereits eine zeigende Hand, die eindeutig in
die Richtung der Rosenau zu weisen hätte. (»Da ghört aa so a Hand

---

40  Vgl. die Hauptwerke: Willard Van Orman Quine, *Von einem logischen Stand-
    punkt. Neun logisch-philosophische Essays,* Frankfurt/M., Berlin 1979; ders.,
    *Wort und Gegenstand (Word and Object),* Stuttgart 1980; ders., *Ontologische
    Relativität und andere Schriften,* Stuttgart 1975.
41  Vgl. zur Einführung Henri Lauener, *Willard Van Orman Quine,* München
    1982.

her.«[42]) Damit ist das Problem der Deixis schon angesprochen. Und so fragt Valentin eine Spaziergängerin nach dem Weg.

| Liesl Karlstadt: | … Da müssen S'nübergehn, allweil gradaus, dann kommen S'direkt hin. |
| Karl Valentin: | … Ja, aber der hat gsagt, ich soll über den Bach nübergehn, der da herüben ist. |
| Liesl Karlstadt: | Ja, das stimmt schon, der Bach ist da herüben auf der Seite. |
| Karl Valentin: | Ja, und die Brücke? |
| Liesl Karlstadt: | Die ist drüben auf der andern Seite. |
| Karl Valentin: | Das gibt's doch net, daß der Bach da ist und die Brücke da drüben. |
| Liesl Karlstadt: | Ja, das kommt mir auch a bißl dumm vor. |
| Karl Valentin: | Das ist schon saudumm. |
| Liesl Karlstadt: | Ja, wissen S', der Bach ist schon da drüben aa. |
| Karl Valentin: | Des warn ja dann zwoa Bach. |
| Liesl Karlstadt: | Ja, ich glaub, daß des da drüben der gleiche Bach ist, wie der da herüben. |
| Karl Valentin: | Wie gibt's denn des, der kann doch net zu gleicher Zeit da drüben und da herüben sein. |
| Liesl Karlstadt: | Des woaß i aa net, vielleicht schlangelt er sich so umanander. |
| Karl Valentin: | Ja, des teans gern, die Bach.[43] |

Die »Unerforschlichkeit der Referenz« (»da drüben«, »da herüben«) mittels der Zeige-Gesten führt bei Valentin schließlich zur ontologischen Aufspaltung des einen Baches in zwei Bäche. Das Wort »Bach« ist, sprachphilosophisch analysiert, kein »kontinuativer« Term wie z.B. »Wasser«, obwohl er ja fließt, sondern ein Term mit »gestückelter Referenz«.[44]

---

42  Karl Valentin, *Das Brillantfeuerwerk oder ein Sonntag in der Rosenau*, in: *GW* 389.
43  Ebd., 390.
44  Vgl. dazu W.V.O. Quine, *Ontologische Relativität und andere Schriften*, 47 ff.

In einer radikalisierten Fassung hat Quine seine Unerforschlich-
keitsthese auch auf die uns bekannte Sprache ausgedehnt: »Radical
translation begins at home« lautet seine diesbezügliche Formel.
Auch in unserer Muttersprache können wir also nicht wissen, ob ein
anderer Sprecher nicht – bei sonst gleichem Verhalten – *sehr* be-
fremdliche ontologische Annahmen mit sich führt. Während »Hase«
und »Bach« generelle Termini (Prädikate) sind, so dehnt Quine die
»inscrutability« in *Word and object* auch auf singuläre Terme aus[45]:
Auch hier können wir nicht wissen, was deiktisch und im Sprachgebrauch tatsächlich, wirklich, gemeint ist. Quines Beispiel ist hier der
Mississippi, später der Mississippi-Missouri, angesichts dessen er
die Frage diskutiert, ob es sich um einen Fluß oder um anderthalb
Flüsse handelt. »Das ist das Vertrackte.«[46] Bei Valentin ist es nicht
der Mississippi, sondern die Würm: Würm I fließt durch Gräfelfing,
Würm II durch Planegg:

| | |
|---|---|
| Liesl Karlstadt: | Ja, das wußt ich nicht, daß in Gräfelfing die Würm durchfließt, denn ich wohn ja in Planegg. |
| Karl Valentin: | Da fließt ja die Würm auch durch! |
| Liesl Karlstadt: | Dieselbe Würm? |
| Karl Valentin: | Das weiß ich nicht, ob das dieselbe ist – kann sein![47] |

In einem anderen Text, der wiederum das tatsächliche Verhalten
Karl Valentins im Alltag schildert, entwickelt er die Unergründlichkeit der Referenz nicht an einem Hasen, wie Quine, sondern an
einem Dackel, also bayerisch. Im Text *Teevisite ... ganz gemütlich*
berichtet G. Grunauer von einem Besuch Valentins. Beim Tee streichelt er den schlafenden Dackel der Familie:

> »Aber kaum saß er auf dem Sofa und streichelte unsern
> Dackel, als er wieder aufsprang, die Türe aufriß und ... zwi-
> schen den Zähnen hinaus pfiff.
> ›Der folgt wieder einmal net, den ham S'schlecht erzogen!‹

---

45  Willard Van Orman Quine, *Word and Object*, Cambridge, Mass. 1960, § 26.
46  Ebd., 48.
47  K. Valentin, *Jagdsport*, in: *GW* 233.

sagte er verweisend.
›Wen meinen Sie denn?‹
›Den andern Dackel halt.‹
›Wir haben doch nur den einen!‹
›Des is unmöglich. Draußen hat mi einer anbellt, wie i kommen bin, und der da herin schlaft ja.‹«[48]

Das ist das von Quine so genannte Phänomen der *ontologischen Verstreutheit.* Sichtbar wird: Karl Valentin rannte – auf der Bühne und im Leben – bewußt und gekonnt an die Grenze der Unerforschlichkeit der Referenz an. Er sah diese nicht wegzubringende Situation der unabdingbaren Unbestimmtheit des Verständnisses, d.h., daß das Verständnis der Sprache *a priori nicht automatisierbar* ist. Dies stellte Quine letztlich in seinen Analysen heraus, und Karl Valentin gewährt uns diese Einsicht durch seine Komisierungen.

## 5.5 Grad der Genauigkeit

Eine weitere Sprachgrenze ist die fundamentale interne Grenze der jeweils möglichen *Genauigkeit.* Diese ist kontextabhängig. Genauigkeit ist nicht etwa Exaktheit. Ein solches Mißverständnis versuchen folgende Bemerkungen Wittgensteins zu verhindern:

> »Wenn ich Einem sage ›Halte dich ungefähr hier auf!‹ – kann denn diese Erklärung nicht vollkommen funktionieren? Und kann jede andere nicht auch versagen?
> ›Aber ist die Erklärung nicht doch unexakt?‹ Doch; warum soll man sie nicht ›unexakt‹ nennen? Verstehen wir aber nur, was ›unexakt‹ bedeutet! Denn es bedeutet nun nicht ›unbrauchbar.‹ […]
> *Ein* Ideal der Genauigkeit ist nicht vorgesehen; wir wissen nicht, was wir uns darunter vorstellen sollen ... «[49]

---

48  G. Grunauer-Brug, *Passiert is was. Valentiniaden erzählt von Gusti Grunauer-Brug,* 30 f.
49  L. Wittgenstein, *Philosophische Untersuchungen,* § 88.

Wittgenstein weist auf die Gefahren hin, die uns drohen, wenn wir an der falschen Stelle Exaktheit auf Kosten der (je kontextabhängigen) Genauigkeit anstreben: Wir verwirren uns dann in sprachliche Fallstricke, das »Anrennen« an die Grenzen der je möglichen Genauigkeit führt zu Konfusionen, in den Wissenschaften, in der Philosophie und im Alltag.

Daß diese von Wittgenstein – gegen »ideale« Exaktheitskonstruktionen – herausgearbeitete Tatsache, wenn man gegen sie verstößt, geradezu Sprachkatastrophen zur Folge haben kann, das ist die Pointe in ganz frühen Stücken von Karl Valentin, so z.B. in *Das Aquarium* (1908). Hier ist das Grenzproblem Exaktheit/Genauigkeit komik-konstitutiv. Mit diesem Text wurde Valentin berühmt:

> »... ich hab nämlich früher ... in der Sendlinger Straße gwohnt, nicht *in* der Sendlinger Straße, das wär ja lächerbar, *in* der Sendlinger Straße könnt man ja gar nicht wohnen, weil immer die Straßenbahn durchfährt, in den Häusern hab ich gwohnt in der Sendlinger Straße. Nicht in allen Häusern, in einem davon ... Und da wohn ich, aber nicht im ganzen Haus, sondern nur im ersten Stock ... da geht in den zweiten Stock eine Stiege nauf, die geht schon wieder runter auch, die Stiege geht nicht nauf, wir gehn auf die Stiege nauf, man sagt halt so.«[50]

## 5.6 Situationsbezogenheit

Ein sechste Grenze der Sprache, gegen die man anrennen kann, ist deren unabdingbare *Situationsbezogenheit*. Verletzen wir diese Eingebettetheit in Situationen, diese Kontextualität, dann werden Phänomene der *Unangemessenheit* die Folge sein, eine falsche Plazierung von Sätzen im Situationskontext. So z.B. *Im Hutladen:*

| Verkäuferin: | ... ich zeige Ihnen einmal mehrere Hüte! |
| Karl Valentin: | Was heißt mehrere, ich will doch nur einen. Ich habe ja auch nur einen Kopf. |

---

50  Karl Valentin, *Das Aquarium*, in: *GW* 13.

| Verkäuferin: | Nein, zur Auswahl zeige ich Ihnen mehrere. |
| Karl Valentin: | Ich will keine Auswahl haben, sondern einen Hut ...[51] |

Hier verbindet sich der displazierte Kontext mit den Kategorienfehlern. Valentin kann die Situationsgebundenheit aber komisierend nicht nur bei einzelnen Sätzen in seinen Dialogen »anrennend« einsetzen. Er kann darüber hinaus mit der Technik des displazierten Kontexts *ganze Texte* ins Absurde verfremden. Der folgende, für diese Technik einschlägige Text entstand während des Zweiten Weltkrieges:

> »Es ist kein Wunder, daß im Krieg überall so ein Benzinmangel herrscht. Die Deutschen steigen auf mit ihren Flugzeugen, fliegen den ganzen Weg bis nach England, und dort schmeissen sie ihre Bomben hinunter und zertrümmern die Häuser. Dann steigen die Engländer mit ihren Flugzeugen auf, fliegen den ganzen Weg nach Deutschland, schmeißen ihre Bomben und zertrümmern die deutschen Städte. Kein Wunder, daß man dabei soviel Benzin verbraucht. Viel Benzin würde gespart, wenn die Deutschen aufsteigen täten und mit ihren Bomben ihre eigenen Städte zertrümmern würden, und die Engländer über England aufsteigen täten und ihrerseits ihre Städte selber zerbomben täten. Wieviel Benzin würde da gespart werden! Und das Resultat wäre dasselbe.«[52]

Fritz Kortner bemerkt zu diesem Text: »Das ist nicht überbietbar.«[53] Der ganze Text ist hier kontextverfremdet. Es geht ja nicht ums Benzinsparen; sondern es geht Valentin darum, Humanität in der Negativität allein festzuhalten. Und erreicht wird dieses Ziel durch die unangemessene Versachlichung der Katastrophe des Luftkrieges. Im Hintergrund der komisierenden Kontextverfremdung ist hier etwas Grauenhaftes; die absurde Verfremdung erst vermag auf die real stattfindende Absurdität hinzuweisen. Diese *literarische Versachli-*

---

51  Karl Valentin, *Im Hutladen*, in: *GW* 261.
52  Der Text ist überliefert von Fritz Kortner, *Aller Tage Abend*, München 1959, 569 f.
53  Ebd., 570.

*chung* durch Kontextverfremdung ist ein Kennzeichen der Moderne: bei Flaubert, Robbe-Grillet, Kafka, Brecht und Beckett.[54] Hier sehen wir, wie Valentin sein »Anrennen an Grenzen« auf ganze Texte ausdehnt. Eingehend müßte untersucht werden, auf welche Weise er dieses Anrennen darüber hinaus *szenisch, gestisch, leiblich,* in seinen Inszenierungen und in den Filmen praktiziert und in der Totalität seiner Darstellungskunst realisiert.[55]

## 5.7 Lebensbezug

Der absolute Ernstfall philosophischer Komik kann nur das *Leben selbst* sein – betrachtet von seinen Grenzen aus. Auch die Rede vom »Anrennen an die Grenzen der Sprache« bei Wittgenstein hat den Hintergrund des Scheiterns an den Grenzen der menschlichen Existenz. Er sprach vom »Anrennen«, dokumentiert zuerst am 30. Dezember 1929, als er inmitten des Wiener Kreises und zum Befremden von Schlick und Carnap sein Verständnis der Analysen Martin Heideggers zu Sein, Angst und Tod artikulierte:

> »Ich kann mir wohl denken was Heidegger mit Sein und Angst meint. Der Mensch hat den Trieb, gegen die Grenzen der Sprache anzurennen. Denken Sie z.B. an das Erstaunen, daß etwas existiert. Das Erstaunen kann nicht in Form einer Frage ausgedrückt werden, und es gibt auch gar keine Antwort. Alles, was wir sagen mögen, kann a priori nur Unsinn sein. Trotzdem rennen wir gegen die Grenzen der Sprache an. Dieses Anrennen hat auch Kierkegaard gesehen und es sogar ganz ähnlich (als Anrennen gegen das Paradoxon) bezeichnet: die Tendenz, das Anrennen, *deutet auf etwas hin.* Das hat schon der heilige Augustin gewußt, wenn er sagt: Was, du

---

54  Vgl. zu diesem Phänomen: Franz Koppe, *Literarische Versachlichung – Zum Dilemma der neueren Literatur zwischen Mythos und Szientismus,* München 1977.

55  Vgl. zu dieser Thematik bereits: Helmut Bachmaier, »Die Filme Karl Valentins«, in: Michael Schulte u. Peter Syr (Hg.), *Karl Valentins Filme,* München, Zürich 1989, 215-220.

Mistviech, du willst keinen Unsinn reden? Rede nur einen Unsinn, es macht nichts!«[56]

Rede nur einen Unsinn! Diesem augustinisch-wittgensteinischen Im-
perativ ist Karl Valentin nachgekommen wie kaum jemand sonst. Es
ist die existentielle und metaphysische Dimension der Sprachkritik,
die am Ende unserer Interpretation stehen soll. Auch diese Dimension hat Valentin erkannt und auf souveräne Weise in seiner Komik
gestaltet. Die folgenden Texte nutzen Einsichten, die das Diktum
Wittgensteins so konzentriert:

> »Die Grenzen meiner Sprache bedeuten die Grenzen meiner
> Welt.«[57]

Es bedeutet ein Anrennen gegen die Grenzen der menschenmögli-
chen Erfahrung, wenn Karl Valentin seine Geburt (»I siach mi no
wie heut«) beschreibt:

> »Als ich die Hebamme sah, die mich empfing, war ich sprach-
> los. – Ich hatte diese Frau in meinem ganzen Leben noch nicht
> gesehen.«
> »Über meinen Geburtstag weiß ich sehr wenig … Das ist
> schon so lange her! Von der ersten Erblickung der Welt weiß
> ich gar nichts. Daß ich sofort die Welt erblickt habe, ist nicht
> gut möglich – höchstens das Geburtszimmer.«[58]

Komisierend arbeitet Valentin hier mit existenztranszendierender
Rede; er gestaltet auf seine Weise die metaphysikkritische Einsicht
Kants, daß die Welt kein Gegenstand möglicher Erfahrung ist. Er
dehnt die Einsicht Wittgensteins: »Der Tod ist kein Ereignis des Lebens. Den Tod erlebt man nicht«[59] zu Recht auch auf die Geburt
aus. Die existentielle Sprachgrenze ist auch Thema der Abhandlung
*Im Jenseits:*

---

56  Ludwig Wittgenstein, »Zu Heidegger«, in: *Ludwig Wittgenstein und der Wie-
    ner Kreis: Gespräche, aufgezeichnet von F. Waismann,* hg. v. Brian F. McGui-
    ness, Frankfurt/M. 1967, 68 f.
57  Ludwig Wittgenstein, *Tractatus logico-philosophicus,* 5.6.
58  Zitiert nach: Michael Schulte, *Karl Valentin,* Reinbek 1987, 8.
59  L. Wittgenstein, *Tractatus logico-philosophicus,* 6.4311.

»Ein Problem, das mich sehr interessiert, ist das Jenseits, oder besser gesagt, ein Weiterleben nach dem Tode. Gedanken über das Jenseits kann man natürlich nur im Diesseits haben. Im Jenseits über das Diesseits nachzudenken, ist schon zweifelhaft – vielleicht ausgeschlossen. Wenn der Mensch gestorben ist, ist er tot – das ist sicher, also todsicher, wie man so sagt.«[60]

Die Abhandlung entwickelt dann auf komische Weise die Paradoxien der christlichen Eschatologie. Existenztranszendierende Rede zum Zwecke der Komisierung findet sich auch in *Pessimistischer Optimismus* mit dem Fazit,

»daß es für einen Menschen schön sein kann, selbst wenn er noch nicht gelebt hat – und genauso schön ist es für den Menschen, wenn er nach seinem Erdendasein nicht mehr lebt«.[61]

Auf sarkastische Weise nutzt Valentin die existentielle Grenze des Lebens in seinem Stück *Eine Schlamperei* für die Vergegenwärtigung einer Hinrichtungsszene. Der Delinquent soll seinen letzten Wunsch äußern.

| | |
|---|---|
| Delinquent: | Mein letzter Wunsch ist, daß man mir die Augen nicht verbindet, weil ich bei meiner Hinrichtung zuschauen möchte. |
| Femrichter: | Na, na – diesen eigenartigen Wunsch kann ich Ihnen leider nicht erfüllen. |
| Delinquent: | Bitte! Sie haben soeben vor zwei Zeugen gesagt, mein letzter Wunsch wird mir erfüllt, und das ist mein letzter Wunsch, daß ich dem Tode ins Auge schaue. Ich bin kein Feigling! Außerdem war es schon längst mein Wunsch, einer Hinrichtung beizuwohnen. Und da habe ich jetzt die beste Gelegenheit. |

---

60  Karl Valentin, *Im Jenseits*, in: *GW* 81.
61  Karl Valentin, *Pessimistischer Optimismus*, in: *GW* 254.

| Femrichter: | Wünschen Sie sich das ja nicht! Das ist etwas so Grausiges, das würden Sie Ihr ganzes Leben lang nicht vergessen.[62] |

In den letzten Texten redet Valentin bewußt komisierend über die Grenzen von Geburt und Tod hinaus. Dieses existentielle Anrennen ist die größte mögliche Form der Grenzüberschreitung, die wir kennen.

# 6. Vorschläge für die Unterrichtspraxis

Unsere Interpretationen werfen ein neues Licht auf die Radikalität und Universalität der Komik Karl Valentins. Sie bewegt sich – mit seiner eigenen Wendung – »am Ufer der Vernunft«.[63] Damit wird diese Komik philosophisch. Sie ist näherhin als eine *analytische* Komik zu bezeichnen, die sich im Anrennen gegen die sprachliche Form der Welt auf die Grenzen unseres Welt- und Selbstverständnisses bezieht. Valentins Komisierung der sprachlichen Form der Welt entspricht kongenial Analysen von Frege, Carnap, Ryle, Wittgenstein und Quine, und so ist sie eine sprachkritische Komik. Dieses Werk lässt sich in seinem Zentrum nur als Paradigma einer engen Verbindung von Literatur und Philosophie verstehen.

Im Blick auf die Unterrichtspraxis bietet der Einsatz der Stücke und Texte von Karl Valentin vielfältige Möglichkeiten. Die Stücke Valentins sind auf Filmen und Platten in besonders eindrucksvoller Form von ihm selbst eingespielt worden, meist gemeinsam mit Liesl Karlstadt.[64] Das Ziel besteht darin, dass die Schüler die sprachphilosophischen, begriffskritischen und analytischen Einsichten im Medium der Stücke und Texte selbstständig herausfinden. Folgende Schritte sind möglich:

1. Zunächst werden die Dialoge im Unterricht vorgeführt oder gelesen. Natürlich können die Schüler diese oder ähnliche Szenen

---

62   Karl Valentin, *Eine Schlamperei*, in: *GW* 605.
63   Karl Valentin, *Vereinsrede*, in: *GW* 60.
64   Vgl. etwa Karl Valentin, *Gesamtausgabe Ton 1928-1947*, 6 CDs (Trikont); ders. u. Liesl Karstädt, *Die Kurzfilme*, 3 DVDs; dies., *Die Spielfilme*, 3 DVDs.

auch selbst aufführen. Es gibt kaum jemanden, der sich der unnach-
ahmlichen Komik des Schauspielers Valentin in den grotesken, aber
staubtrocken präsentierten Spielszenen entziehen kann.

2. Entscheidend für die didaktische Vermittlung ist das Lachen
selbst und sein Grund: Warum lachen die Leute? Die Rückfrage
nach dem Grund des Lachens dient dazu, die jeweilige sprachkritische, philosophische Einsicht in die logischen, grammatischen, kategorialen Sprachgrenzen zu erschließen.

3. Der Schritt in die genuin philosophische Reflexionsebene
lässt sich dann als der Schritt zum metasprachlichen, begrifflichen
Explizitmachen der Grenzen der Sprache selbst im Sinne theoretischer, sprachlicher Erkenntnis fassen. Hier können auch Texte von
Wittgenstein, Quine und anderen gelesen werden.

Rüdiger Zill

# Ein Rudel voller Einzelgänger.
# Die drei Stellungen des Aphorismus
# zum System

Es ist in den letzten Jahren zu einem Allgemeinplatz geworden, dass
die Form, in der man seine Gedanken äußert, prägenden Einfluss auf
ihren Inhalt hat. Theodor W. Adornos Aufsatz »Der Essay als Form«
gilt dabei oft als Referenzpunkt für eine Debatte, die nicht selten mit
einer kämpferischen Attitüde verbunden ist. Opponiert wird dabei
zunächst gegen eine vermeintliche Mehrheit von Theoretikern, für
die angeblich nur das Argument zählt, einerlei in welcher Form es
geäußert wird.

Ob die Form jemals als so zweitrangig angesehen worden ist,
kann man allerdings bezweifeln. Immer schon wird unter Philosophen die Formfrage zumindest insofern betont, als sie die Privilegierung einer bestimmten, korrekten Form verlangt: der Form der
systematischen Darstellung. Diese Privilegierung zu brechen, das
Essay stark zu machen gegen die herrschende Art des Philosophierens war nun gerade auch Adornos Anliegen.[1] Das Essay steht dabei
für eine experimentelle Art des Philosophierens mit »antisystemati-
schem Impuls«. Aber fast noch besser als am Essay lässt sich die
Opposition gegen das systemgebundene Denken im speziellen und
die Formfrage in der Philosophie im allgemeinen an einem diesem
verwandten, einem scheinbar marginalen Genre darstellen: dem
Aphorismus. An ihm lässt sich auch die zentrale Frage untersuchen,

---

1   Theodor W. Adorno, »Der Essay als Form«, in: ders., *Gesammelte Schriften*,
    Bd. 11: *Noten zur Literatur*, Frankfurt/M. 1997, 9-33.

wie stark der Inhalt wirklich von seiner Form bestimmt oder zumindest beeinflusst wird. An ihm erweist sich dann auch der Spielraum, den man mit Denk- und Darstellungsformen, nicht zuletzt im Philosophieunterricht, gewinnt.

## 1. Spruch und Einspruch.
   Versuche, den Aphorismus zu definieren

Aphorismen erregen unsere Aufmerksamkeit: durch paradoxe Formulierungen, durch ihren *esprit*, ihren Witz. An sich wollen sie Einzelgänger sein, doch häufig treten sie in Rudeln auf. Denn nur so können sie überleben. Sie mögen als Bonmot während eines Gesprächs entstehen, aber als literarisch durchgestaltete Sentenzen – und das gehört letztlich zu ihrem Wesen – können sie nur in Sammlungen überliefert werden, und sei es auch auf einer Internetseite, die sich auf Aphorismen spezialisiert hat. »Ein Aphorismus, der nicht publiziert wird, ist wie eine Perle, die nie die Auster verlässt.«[2] Dabei ist der Name schwankend. Gerade in seiner Blütezeit, im Frankreich des *ancien regime*, nannte er sich oft einfach Maxime oder Sentenz, manchmal schlichter noch Gedanke oder Reflexion. Auch wenn der Name nicht entscheidend zu sein scheint, bleibt doch Vorsicht geboten, denn häufig ist nicht nur die Bezeichnung anders, sondern auch die Sache. Deswegen ist zunächst eine definitorische Annäherung an den Aphorismus erforderlich.

Betrachtet man *herkömmliche Definitionen* des Aphorismus, wie sie in literaturwissenschaftlichen und rhetorischen Fachlexika zu finden sind,[3] so werden immer wieder eine Reihe von Kriterien an-

---

2  Willy Meurer, zitiert nach: www.aphorismen.de (09.01.2005). Weitere Aphorismensammlungen im Internet: www.aphorismen.de/ (75.000 Aphorismen bekannter und unbekannter Autoren); http://itb.biologie.hu-berlin.de/~wiskott/Services/DeutscheAphorismen/ (382 deutsche Aphorismen); www.aphorismus.net/index.php (wenige, aber kommentiert Aphorismen). Als gedruckte Quelle vgl. u.a. Friedemann Spicker (Hg.), *Aphorismen der Weltliteratur*, Stuttgart 1999 (mit einer ausführlichen Literaturliste).

3  Vgl. z.B. Wilhelm Grenzmann, Artikel »Aphorismus«, in: Werner Kohlschmidt u. Wolfgang Mohr (Hg.), *Reallexikon der deutschen Literaturge-*

geführt: Kürze, Prägnanz, eine Originalität, die vor unerwarteten Übertreibungen und Paradoxien nicht nur nicht zurückschreckt, sondern sie sogar fordert. Sein Ton sei oft kategorisch und intolerant; er bemühe sich nicht um Begründungen, sondern verallgemeinere einzelne Beobachtungen scheinbar umstandslos. »Eine Maxime, die erst bewiesen werden muß, ist schlecht formuliert.« ist eine Maxime des Aphoristikers Vauvenargues.[4] Hervorgehoben wird am Aphorismus seine Subjektivität bis hin zur Intoleranz, aber auch seine Verankerung in präziser Beobachtung und Erfahrung. Und er entbehre jeder Form von System; im Gegenteil scheue er sich nicht davor, sich um der Provokation willen sogar selbst zu widersprechen.

Wie nützlich sind diese Kriterien nun aber im einzelnen, um den Aphorismus als eigenständiges Genre zu charakterisieren? Was der *äußeren Form* nach als Aphorismus akzeptiert wird, ist schwankend. Die gezielten Hiebe der Ein-Satz-Sentenz sind sicherlich das Ideal. Manchmal kann aber auch ein Gedanke etwas weiter ausgeführt sein. Sogar kleinere Fragmente wie z.B. Adornos *Minima Moralia* werden daher mit in das Genre inbegriffen. Entscheidend ist dabei »eine präzise Art des Schreibens, [...] Sätze, die nicht miteinander verbunden, sondern selbständig für sich bestehen können.«[5] Doch selbst wenn der Aphorismus in seiner einfachsten und deutlichsten Form als kurzer pointierter Satz auftritt, ist er durch seine äußere Gestalt nicht eindeutig bestimmt. Das Äußerliche, *die Kürze, die Prägnanz*, teilt er mit anderen Formen, z.B. dem Sprichwort. Andere literarische Genres sind da leichter erkennbar, etwa der Brief oder

---

*schichte*, Bd. 1, Berlin ²1958, 94-97; Gerhard Neumann (Hg.), »Einleitung« zu: ders., *Der Aphorismus. Zur Geschichte, zu den Formen und Möglichkeiten einer literarischen Gattung*, Darmstadt 1976; Gero von Wilpert, *Sachwörterbuch der Literatur*, Stuttgart ⁷1989, 41 f.; Harald Fricke, Artikel »Aphorismus«, in: Gert Ueding (Hg.), *Historisches Wörterbuch der Rhetorik*, Bd. 1, Tübingen 1992, 773-790.

4   Luc de Vauvenargues, *Reflexionen und Maximen*, in: *Die französischen Moralisten*, Bd. 1, hg. u. übers. v. Fritz Schalk, München 1973, 171.

5   Fritz Schalk, Artikel »Aphorismus« in: Joachim Ritter u. Karlfried Gründer (Hg.), *Historisches Wörterbuch der Philosophie*, Bd. 1, Basel, Darmstadt 1971, Sp. 437-439, hier: 437.

das System, das oft an bestimmten Gliederungsmerkmalen wie Paragraphen oder Systemtiteln[6] identifizierbar ist.

So sind für den Aphorismus vor allem auch besondere *rhetori-
sche Formen* zentral: Er erscheint als Paradox; er überspitzt; er arbeitet mit Antithesen, Emphasen, Hyperbeln, er verallgemeinert un-
geschützt.[7] Diese Überspitzungen und Verallgemeinerungen scheinen aus einer ausgesprochen persönlichen Sicht der Dinge zu entspringen. In ihnen meint man vor allem die subjektive Einstellung
des Autors zu erkennen.

Auch das Sprichwort verallgemeinert, aber nicht mit demselben
rhetorischen Aufwand. Der Aphorismus setzt sogar oft den Common
Sense tradierter Sätze voraus, um ihnen zu widersprechen. Während
ein bekanntes Sprichwort uns zum Beispiel lehrt, dass, wer den
Pfennig nicht ehre, des Hellers nicht wert sei, heißt es in einem
Aphorismus Montesquieus : »Das Geld ist sehr schätzenswert, wenn
man es verachtet.«[8] Daher kommt dann die pointierteste Formulierung auch zu dem Schluss, der Aphorismus sei nicht Spruch, sondern Einspruch.[9]

Vor allem muss man aber, um den Aphorismus vom Sprichwort
zu unterscheiden, den *Kontext*, aus dem er kommt, in dem er steht
und in dem er wirkt, mit berücksichtigen. Sprichwörter repräsentieren ursprünglich den Erfahrungsschatz nicht-literaler Gesellschaften
und sind durch die Funktionen, die sie in diesem Kontext einnehmen, geprägt. Sie waren Merksätze, die komplexes Wissen in möglichst einfacher und einprägsamer Form bewahren sollten. Was für
uns heute an ihnen vielleicht einen folkloristischen Beigeschmack
hat, war für Gesellschaften, in denen man vorzugsweise nicht-
schriftlich verkehrte, eine bewährte Form, allgemeine Urteile aufzu-

---

6    So z.B. Spinozas *Ethica Ordine Geometrico Demonstrata*, die ihre einzelnen
      Abschnitte streng in Propositio (Lehrsatz), Demonstratio (Beweis) und unter
      Umständen Scholium (Anmerkung) gliedert.
7    Vgl. dazu H. Fricke, Artikel »Aphorismus«, Sp. 774 ff.
8    Charles de Montesquieu, *Meine Gedanken*, in: *Die französischen Moralisten*,
      Bd. 1, a.a.O., 244.
9    Heinz Krüger, *Über den Aphorismus als philosophische Form*, München 1988,
      13.

bewahren und weiterzugeben, ihre überindividuelle Existenz gehört zum Wesentlichen ihrer Funktion.[10]

So mag man den Aphorismus vielleicht als einen Satz begreifen, der sich nicht aus seiner Verankerung in einem umfassenderen Text verstehen lässt, dennoch ist er nur aus seinem Funktionszusammenhang verständlich. Der Cotext mag bedeutungslos sein, nicht aber der Kontext.[11] Aber selbst der Cotext ist nicht immer völlig beliebig. Auch wenn es nicht wie bei einem argumentierenden Text von Bedeutung ist, an welcher Stelle genau eine Sentenz im Rahmen einer Sammlung steht, so gibt doch dieser Gesamtzusammenhang jedem einzelnen Aphorismus noch einmal ein besonderes Gewicht – und sei es in seiner spezifischen Negation. Denn der Widerspruch findet sich im Aphorismus nicht nur gegenüber tradierten Meinungen, sondern auch gegen seinen eigenen Zusammenhang. Was ein Systementwurf sich zur Ehre anrechnet: innere Konsistenz seiner Teile, scheint der Aphorismensammlung, deren äußerliche Einheit durch die Person ihres Autors gegeben ist, aber völlig gleichgültig: Einzelne Maximen können sich bei näherer Betrachtung durchaus widersprechen. Auf systematische Zusammengehörigkeit legt der Aphoristiker keinen Wert.

Das pointiert nicht Systematische des Aphorismus kann dabei bedeuten, dass er unsystematisch vorgeht, der Zusammenhang also gleichgültig ist, aber auch, dass er explizit antisystematisch verfährt, der Zusammenhang also gerade dadurch in den Blick kommt, dass er bewusst zersetzt wird. Schon das Unsystematische kann man dabei eher aus der Problematik seiner Objekte oder eher aus der Verfassung der sie betrachtenden Subjekte erklären. Wer den Akzent auf die objektive Seite legt, verweist darauf, dass die entscheidende Instanz in der Erfahrung liege. Man dürfe den Beobachtungen nicht zu schnell mit einem vorgefassten System zu Leibe rücken und sie so möglicherweise verfälschen. Dabei könne es dann zunächst auch zu durchaus widersprechenden Erfahrungen kommen.

---

10  Vgl. Norbert Elias, *Über die Zeit*, Frankfurt/M. 1988, 167 ff.

11  H. Fricke, Artikel »Aphorismus«, Sp. 774, schreibt: »Der A. ist per definitionem frei nicht nur von Bindungen an den situativen Kontext, sondern sogar frei von Bindungen an den unmittelbar benachbarten Cotext.«

Wer die subjektive Seite eher im Blick hat, erklärt das Unsystematische weniger aus der Komplexität der Materie als vielmehr aus
dem Charakter des Betrachters. Der objektive Sachgehalt des Dargestellten tritt hinter das subjektive Erleben des Autors und sein inten-
sives Bemühen um angemessenen Stil zurück. Der unsystematische
und paradoxe Charakter des Aphorismus wird dann als Abbild eines
widersprüchlichen Individuums oder einer radikalen Verallgemeinerung momentaner Stimmungen gesehen.

Dieser Erklärungsansatz kann aber auch radikalisiert werden.
Dann ist, was zunächst nur als unsystematisch erscheint, bewusst
antisystematisch. Das System ist in dieser Sicht etwas, was authenti-
sche Erfahrung generell zu verbiegen scheint. Dagegen ist zu rebel-
lieren, die Inkonsistenz der Aphorismen untereinander wäre dann
ein bewusst gewähltes Stilmittel.

Keiner dieser drei Ansätze erklärt aber die literarische Form
Aphorismus in seiner gesamten empirischen Breite. Eine schnelle
Verallgemeinerung, die die eine oder andere Variante der Systemkritik herausheben und ohne weitere Umstände auf das Genre an
sich anwenden würde, ließe gerade einige wesentliche Züge der Sache außer Acht. Genauso unproduktiv ist es, wenn man sein Verständnis sowohl vom Aphorismus als auch von Philosophie will-
kürlich so eng definiert, dass man dann nur noch zu dem Ergebnis
kommen kann, dass beide nichts miteinander zu tun haben.[12] Man
versteht den Aphorismus selbst nicht ohne seinen Funktionszusammenhang und vor allem nicht ohne seine Entwicklung, denn im Verlauf seiner Geschichte hat sich sein Kontext und sein Stellenwert ge-
wandelt – und damit sein Verhältnis zum System.

Grob kann man drei Phasen in der Historie des Aphorismus unterscheiden: zunächst seine Entstehung im Rahmen wissenschaftlicher Kompendien. In dieser Phase zeigen sich viele seiner späteren
Merkmale – wie z.B. seine paradoxale Überspitzung – noch nicht.
Das nicht Systematische ist hier der Vorläufigkeit seiner Erkenntnis-

---

12 So z.B. Harald Fricke, »Kann man poetisch philosophieren? Literaturtheoreti-
   sche Thesen zum Verhältnis von Dichtung und Reflexion am Beispiel philosophischer Aphoristiker«, in: Gottfried Gabriel u. Christiane Schildknecht (Hg.),
   *Literarische Formen des Philosophierens*, Stuttgart 1990, 26-39.

se geschuldet; er ist unsystematisch, um einer voreiligen Festlegung
zu entgehen.

Die zweite Phase ist geprägt durch die Salonkultur des siebzehnten und achtzehnten Jahrhunderts. In dieser Zeit entsteht das, was
wir heute unter Aphorismus im eigentlichen Sinne verstehen. Es ist
seine Blütezeit, in der er eng an die Moralistik gebunden ist: an
Autoren wie Gracián, Pascal und La Rochefoucauld, Montesquieu,
Vauvenargues und Lichtenberg. Auch hier ist seine Abneigung gegen systematische Formen eher der Situation seines Gebrauchs und
nicht einem Prinzip geschuldet.

Und schließlich seine entwickelte philosophische Form, wie wir
sie seitdem etwa in den Sammlungen Oscar Wildes oder Friedrich
Nietzsches, Theodor W. Adornos oder Émile M. Ciorans kennen.
Der Übergang zu dieser Phase findet aber schon im achtzehnten
Jahrhundert statt. Er macht sich fest an der Person des Moralisten
Nicolas Chamfort, bei dem das Unsystematische zum ersten Mal
klar antisystematisch wird.

Zunächst aber soll kurz skizziert werden, wogegen sich der
Aphorismus wendet. Was ist das Besondere am System?

## 2. Zwischen Weltgebäuden und Theoriearchitektur: Systemdenken

Von Anfang an war die systematische Form das Ideal der Philosophie. Dass die ersten Texte dem nicht genügen, ist Zufall. Die Fragmente der Vorsokratiker, die uns wie Aphorismen gegenübertreten,
sind ja nicht in dieser Gestalt geschrieben worden, sondern nur das
Resultat der fragmentarischen Überlieferung: Splitter ursprünglich
ausgearbeiteter Texte. Selbst dass Platons Philosophie nur als Dialoge überliefert ist, heißt ja nicht, dass sie nicht auch eine wissen-
schaftlich ausgeschriebene Form, vergleichbar mit dem Corpus des
Aristoteles, hatten.

Auch wenn der Begriff »System« erst spät in Gebrauch kam, so
war doch die Forderung nach einer durchgeformten Einheitlichkeit
des Wissens, das dem notwendigen Zusammenhang der Welt entsprach, immer schon ein philosophischer Grundgedanke. Genau die-

se Doppelung von Objektbereich und Theorienkonstrukt findet sich zum Beispiel in der astronomisch-kosmologischen Verwendung des Begriffs, der zu Beginn der frühen Neuzeit mit Modell stand für seinen erweiterten Gebrauch. Mit dem Begriff »System« bezeichnete man sowohl das, was Ptolemäus, Kopernikus oder Tycho Brahe thematisierten, als auch ihre jeweiligen Hypothesen über diesen Gegenstand. Systeme waren also sowohl die »Weltgebäude« als auch die Theoriegebäude.[13] Diese Doppelung behielt der Begriff auch dort, wo er nicht mehr nur naturwissenschaftliche, sondern auch soziale und politische Phänomene benannte, wenn er also auf das Staatsgebäude übertragen wird. So betitelt Thomas Hobbes das zweiundzwanzigste Kapitel seines *Leviathan* »De Systemate civium« bzw. »Of Systemes Subject, Politicall, and Private«.

Theorien haben aber immer schon die Gefahr der Uneindeutigkeit. Selbst wenn sie mit dem Anspruch absoluter und abschließender Wahrheit auftreten, erweisen sie sich nicht selten als provisorisches Konstrukt. Gelegentlich haben sie sich schon in der frühen Neuzeit selbst in Anführungsstriche gesetzt, so wenn Descartes zum Beispiel die verschiedenen theoretischen Weltsysteme seiner Zeit (also die von Ptolemäus, Kopernikus und Tycho Brahe) gleichermaßen gelten lässt. Sie beziehen sich mit unterschiedlichen Erklärungsmodellen auf denselben Referenzpunkt: das Planetensystem. Dennoch können sie koexistieren, weil er ihnen keinen Wahrheitsanspruch im strengen Sinne zuspricht, sondern nur heuristischen Wert. Es sind »drei verschiedene Hypothesen aufgestellt, d.h. Annahmen, die nicht als wahr, sondern nur als zur Erklärung der Erscheinungen geeignet angesehen werden.«[14]

Daher unterscheidet Leibniz dann auch zwischen dem vollkommenen und dem provisorischen System. Das vollkommene ist nicht nur ein geordnetes Ganzes, das seine Gestalt aus heuristischen oder didaktischen Zwecken erhält, es nimmt den Anspruch auf Systematizität mit in seine Methode hinein. Der Begründungszusammenhang, der die einzelnen Teile des Systems absichert, soll selbst auf syste-

---

13  Vgl. dazu und zur Geschichte des Systembegriffs den Artikel »System« in: Joachim Ritter u. Karlfried Gründer (Hg.), *Historisches Wörterbuch der Philosophie*, Bd. 10, Basel, Darmstadt 1998, Sp. 824-856, hier: 825 f.

14  René Descartes, *Die Prinzipien der Philosophie*, Hamburg 1922, 68 (III, 15).

matischem Weg gewonnen worden sein.[15] Es gibt also keinen Unterschied mehr zwischen dem Auffinden der Wahrheit und ihrer
Darstellung; Wissenschaft und Didaktik fallen in eins zusammen.

Daher greift Kant dann das Thema in der *Kritik der reinen Vernunft* im dritten Hauptstück der transzendentalen Methodenlehre
wieder auf. Im Titel, »Die Architektonik der reinen Vernunft«,
kommt er auf Baumetaphern zurück. Und er definiert den zentralen
Begriff seines Titels: »Ich verstehe unter einer *Architektonik* die
Kunst der Systeme.«[16] Systematische Einheit wird explizit zum
Kriterium, das

> »gemeine Erkenntnis allererst zur Wissenschaft, d.i. aus
> einem bloßen Aggregat derselben ein System macht [...] Un-
> ter der Regierung der Vernunft dürfen unsere Erkenntnisse
> überhaupt keine Rhapsodie, sondern sie müssen ein System
> ausmachen, in welchem sie allein die wesentlichen Zwecke
> derselben unterstützen und befördern können. Ich verstehe
> aber unter einem Systeme die Einheit der mannigfaltigen Er-
> kenntnisse unter einer Idee. Diese ist der Vernunftbegriff von
> der Form eines Ganzen, sofern durch denselben der Umfang
> des Mannigfaltigen sowohl, als die Stelle der Teile unterein-
> ander, a priori bestimmt wird.«[17]

Ein System ist also – wie ein Organismus – durch eine innere Glie-
derung charakterisiert und nicht lediglich eine Anhäufung von untereinander unverbundenen Wissensfragmenten. Kant unterscheidet
aber noch einmal zwischen einer bloß technischen und einer archi-
tektonischen Einheit. Denn die Idee, die der Einheit zugrunde liegt,
braucht ein Schema. Kommt dieses Schema nicht nach einer Idee,
sondern rein empirisch zustande, spricht er von technischer Einheit,
entspringt es aber a priori durch die Zwecksetzung der Vernunft,
dann allein handelt es sich um eine architektonische Einheit.

> »Nicht technisch, wegen der Ähnlichkeit des Mannigfaltigen,
> oder des zufälligen Gebrauchs der Erkenntnis in concreto zu

---

15  Gottfried Wilhelm Leibniz, *Discours touchant la méthode de la certitude et
    l'art d'inventer*, in: ders., *Philosophische Schriften*, Leipzig 1931, Bd. 7, 179 f.
16  Immanuel Kant, *Kritik der reinen Vernunft*, B 860.
17  Ebd.

allerlei beliebigen äußeren Zwecken, sondern architektonisch, um der Verwandtschaft willen und der Ableitung von einem einigen obersten und inneren Zwecke, der das Ganze allererst möglich macht, kann dasjenige entspringen, was wir Wissenschaft nennen [...]«.[18]

Architekturmetaphern sind ein beliebtes Werkzeug rationalistischer Systemphilosophie. René Descartes vergleicht sich im *Discours de la méthode* zum Beispiel mit einem Ingenieur, der Häuser baut und Städte plant. Dabei gibt er den barocken Stadtgrundrissen, die aus einem einheitlichen Entwurf entstammen, den Vorzug vor historisch gewachsenen Strukturen, wie sie sich etwa in mittelalterlichen Städten ausgebildet haben.[19] Die Verwendung des Aphorismus und seine Verteidigung gegenüber dem System findet sich dann auch konsequenterweise auf Seiten der philosophischen Gegner des Rationalismus: bei den Empiristen.

## 3. Die Genese der aphoristischen Wissenschaft aus dem Geist der Jäger und Sammler

Der Begriff »Aphorismus« kommt aus dem Griechischen und meint dort zunächst soviel wie »abtrennen, abgrenzen«, dann auch »Definition«. Er findet sich am Anfang vor allem in der Medizin. Lange Zeit war der Begriff »Aphorismus« überhaupt identisch mit »medizinischer Lehrsatz«. So ist das Hauptwerk antiker Aphoristik die Sammlung des Arztes Hippokrates, in der eine Reihe von Einzelerkenntnissen und Ratschlägen, die aus bewährten Erfahrungen gewonnen wurden, zusammengefasst worden sind. Damit unterscheidet sich der Aphorismus in seiner Frühzeit in der Tat noch gar nicht so sehr vom Sprichwort. Beides sind in gewisser Hinsicht Rezeptsammlungen.

---

18  Ebd., B 861.
19  Vgl René Descartes, *Discours de la méthode / Von der Methode des richtigen Vernunftgebrauchs und der wissenschaftlichen Forschung*, Hamburg 1969, 18/19 f.

Erasmus von Rotterdam (1469-1536) nennt seine Aphorismensammlung konsequenterweise *Adagia* und zeigt auch darin die frühe Verwandtschaft zwischen Sprichwort und Sentenz. Humanistische Spruchsammlungen wie die des Erasmus sind oft Zitatkollektionen, die aus den antiken Klassikern gewonnen wurden. Sie sind damit neben den medizinischen Aphorismen eine zweite Quelle, aus der sich der moderne Aphorismus herleitet. Sie sind zwar noch keine Aphorismen im späteren Sinn, aber sie treten im Nachhinein so auf, als seien sie welche. Man kann sie mit dem vergleichen, was wir heute Geflügelte Worte nennen: Sammlungen von Zitaten, die aus ihrem Kontext gerissen zu Schablonen werden, auf die man immer wieder zurückgreift. Hier ist übrigens die Grenze zum Essay auch noch fließend.

Michel de Montaignes (1533-92) *Essais* zum Beispiel sind im Kern zunächst kommentierte Zitate aus beispielhaften Autoren. So beginnen gerade die frühen Teilstücke in Montaignes Werk häufig mit einem Zitat, etwa die Ovid-Verse aus den *Metamorphosen*, die am Anfang von Essay I, 19 stehen: »Abzuwarten bleibt des Menschen letzter Tag. Vor dem Tode und Begräbnis kann auf Erden auch nicht einer glücklich je gepriesen werden.«[20] Bei Ovid dienen sie als Überleitung von der Geschichte des Cadmus zu der des Actaeon.[21] Beide spielen aber bei Montaigne überhaupt keine Rolle. Er nutzt das dekontextualisierte Zitat vielmehr, um seine eigenen Beispiele und Reflexionen daran anzuschließen, ihnen also einen neuen Kontext zu geben. Auch wenn man hier noch nicht von einem Aphorismus im strengen Sinn sprechen kann, so sind solche Zitate doch zum einen bedeutsam für die Entstehung genuiner Sentenzen. Darüber hinaus zeigen sie schon ein typisches Verfahren des Aphorismus selbst: Was zunächst aus dem Zusammenhang gerissen erscheint, geht immer wieder neue Kontexte ein, und sei es in der Gesamtheit, die durch eine Aphorismensammlung gebildet wird.

Solch eine Sammlung von Sentenzen hat Montaigne buchstäblich zu seiner Lebensumwelt gemacht: Die achtundvierzig Balken seines Arbeitszimmer im Turm von St. Michel de Montaigne waren

---

20  Michel de Montaigne, *Essais*, Frankfurt/M. 1998, 44.
21  Publius Ovidius Naso, *Metamorphosen*, München 1952, 94/95.

mit insgesamt vierundfünfzig Sprüchen bemalt: Fundstücke aus seinen Lektüren.

>Die leeren Schläuche bläst der Wind auf, die Toren der Dünkel.« (Stobaeus)
>Denn nichts zu denken ist das liebste Leben.« (Sophokles)
>Du weißt es nicht, ob dies oder das geraten wird; und ob es beides geriete, so wäre es besser.« (Prediger)[22]

In der frühen Neuzeit wurde der Aphorismus neben Erasmus von Rotterdam vor allem von Francis Bacon (1561-1626) als Waffe gegen die festgefügten Lehrgebäude der Scholastik reaktiviert. Bacon nennt die Teile seines *Novum Organum* ausdrücklich »Aphorismen über die Interpretation der Natur und die Herrschaft des Menschen«. Er führt den Aphorismus im Namen von Empirie, Beobachtung und Experiment ins Feld gegen verabsolutierte Dogmen. Kategorisch heißt der 11. Aphorismus: »So, wie die gegenwärtigen Wissenschaften für die Erfindungen von wirklichen Werken nutzlos sind, so ist auch die jetzige Logik nutzlos für die Entdeckung wahrer Wissenschaft.« Und Nr. 13 lautet: »Der Syllogismus wird auf die Grundlagen der Wissenschaft nicht, auf die formulierten Lehrsätze vergeblich angewandt, da er der Feinheit der Natur nicht annähernd gleichkommt; daher erpresst er Zustimmung, zwingt aber nicht die Sache selbst.«[23] Bemerkenswert ist, dass der Terminus »System« in der griechischen Antike am verbreitetsten in der stoischen Logik war, die den Schluss als ein System von Voraussetzungen und Folgerungen bezeichnete.[24] Bacon will die Erkenntnis aus den Fesseln der überkommenen, vorgefassten Systeme befreien, aus Zwangszusammenhängen, die Verbindungen postulieren, bevor sie hinlänglich die Erfahrung haben, zu Wort kommen lassen.

---

22  Zitiert nach: Wilhelm Weigand, *Michel de Montaigne. Eine Biographie*, Zürich 1985, 218, 222; hier auch die vollständige Auflistung der Sprüche auf den Deckenbalken (ebd., 217-228).

23  Francis Bacon, *Neues Organon*, hg. u. mit einer Einl. v. Wolfgang Krohn, lat.-dt., Hamburg 1990, 84/85 f.

24  Vgl. Zenon in *Stoicorum veterum fragmenta* 2, 77, 4, auch in Diogenes Laertius, *Leben und Meinungen berühmter Philosophen* VII, 45, Hamburg 1998, 29.

Die Abfolge der Aphorismen ist bei Bacon aber noch nicht so
beliebig, wie heutige Definitionen dem Genre attestieren. Sie wird
vielmehr schon von einer gewissen Ordnung regiert. Manchmal
zeigt sich das besonders deutlich:

> »19. Zwei Wege zur Erforschung und Entdeckung der Wahr-
> heit sind vorhanden und gangbar. Der eine führt von den Sin-
> nen und dem Einzelnen zu den allgemeinsten Sätzen, und aus
> diesen obersten Sätzen und ihrer unerschütterlichen Wahrheit
> bestimmt und erschließt er die mittleren Sätze. Dieser Weg ist
> jetzt gebräuchlich. Auf dem anderen ermittelt man von den
> Sinnen und vom Einzelnen ausgehend die Sätze, indem man
> stetig und stufenweise aufsteigt, so daß man erst auf dem Gip-
> fel zu den allgemeinsten Sätzen gelangt; dieser Weg ist der
> wahre, aber so gut wie nicht begangene.
> 20. Jenen ersten Weg betritt der sich selbst überlassene Geist,
> er geht ihn nach Maßgabe der Dialektik; denn der Geist strebt
> zu dem Allgemeinsten empor, um da auszuruhen; und nach
> kurzer Weile wird er der Erfahrung überdrüssig. Aber dieses
> Übel ist schließlich von der Dialektik verstärkt worden, um
> die Disputationen mit unwiderstehlicher Glorie zu umgeben.
> 21. Der sich selbst überlassene Geist versucht bei einem nüch-
> ternen und abgewogenen und ernsten Charakter (besonders,
> falls er von den überlieferten Lehrmeinungen nicht gehemmt
> wird) oft jenen zweiten Weg, welcher der rechte, aber mühe-
> vollere ist. Denn der Verstand ist, sofern er nicht geleitet und
> unterstützt wird, ein unausgeglichenes Ding und unfähig, in
> die Dunkelheit der Dinge Licht zu bringen.«[25]

Diese drei Passagen könnten auch gut in einem normal argumentierenden Fließtext auftreten und müssten nicht die künstliche Frag-
mentstruktur annehmen. Auf diese Art des Aphorismus bezieht sich
aber wohl Klaus Heinrich, wenn er geradezu gegen die herrschende
Definition behauptet:

> »Aphorismen sind nicht Gedankensplitter und auch nicht ku-
> gelförmige kleine Gebilde, sondern ›Werkzeuge‹ und ›Ver-

---

25  F. Bacon, *Neues Organon*, 88/89 ff.

körperungen‹ der Vernunft. [...] Nicht der ›Satz, der aus sich
leben soll‹, selbstgenügsam wie die ›Sprüche der Weisen‹
[...], sondern Sätze, die in zwanglosen Zusammenhang mit
ihresgleichen treten und die darum die Erkenntnis weitertrei-
ben ohne Zwang, sind Aphorismen. Sie können das nur, weil
sie trennen und vereinigen zugleich, d.h. die Vernunft jedes-
mal ›neu‹ verkörpern. Diese Verkörperungen (vgl. das *Novum
Organum*. lib. I/II) brauchen durchaus nicht ›isoliert‹ zu stehen; wo sie es tun, wirken sie auch nicht so eitel (d.h. vergeblich) wie heute, weil sie durch den Glauben an Harmonie
vereinigt werden.«[26]

In der Tat sind ja die ursprüngliche Wortbedeutung von Aphorismus: »Abtrennung, Definition« und die von System als »Zusammenstellung« durchaus miteinander verbunden. Die analytisch-syn-
thetische Methode, die gerade in der frühen Neuzeit große Bedeutung erlangte – etwa im Systembau von Thomas Hobbes – will ja
beide Handlungen miteinander vereinen: Zunächst zerlegt sie ihre
Gegenstände in die Einzelteile, um deren Funktionsweise zu untersuchen, und setzt sie dann daraus wieder zusammen. Klaus Heinrich
verallgemeinert das in anderer Hinsicht:

»Aphoristisch ist, der Form nach, ein großer Teil der wissenschaftlichen Produktion, denn aphorismos ist nicht der abge-
trennte oder fragmentarische, sondern der trennende Gedanke:
eine Schneise, die das erkennende Subjekt durch das Dickicht
schlägt. Aber dabei bedarf es des Systems, sei es ein natürli-
cherweise hinter allem Gedachten stehendes, sei es ein vom
Denken einer zusammenhangslosen Wirklichkeit abgetrotztes
oder fordernd ihr entgegengehaltenes System, denn erst in der
Zusammenstellung der durch aphorismos getrennten Stücke
ist der Anspruch des aphorismos – zu trennen, nicht um zu
schneiden, sondern um das Getrennte besser zusammenzufü-
gen – erfüllt. Jeder Essay ist ein Versuch auf diesem Wege.

---

26  Klaus Heinrich, *Versuch über die Schwierigkeit nein zu sagen*, Basel, Frank-
    furt/M. 1985, 172, Anm. 14, gegen Fritz Schalk, besonders seine Einleitung zu
    *Die französichen Moralisten*.

Des Aphorismus sich bedienend, strebt er hin auf das System.«[27]

So ist Bacon auch nicht gegen das System als solches, sondern nur gegen die speziellen, den voreilig verallgemeinernden, denen er begegnet. Man kann seine Faktensammlung durchaus als ein Denken auf dem Weg zum System verstehen.

Bacon bezieht den Begriff »Aphorismus« noch allein auf Naturwissenschaften. Dort hat er – von vereinzelten Ausnahmen abgesehen – auch zunächst seine Heimat. Doch auch das ändert sich im Laufe des sechzehnten und frühen siebzehnten Jahrhunderts. Denn zu dieser Zeit gelangte der Begriff über eine Analogie in den Horizont staats- und moralphilosophischer Untersuchungen. Da der Staat traditionell mit einem Körper verglichen wurde, lag es durchaus nahe, medizinische Termini in politische zu übertragen. Für den Ausdruck »Aphorismus« tun dies fast zeitgleich eine Reihe von Tacitus-Übersetzern, die mit diesem Begriff Lehrsätze einer neuen Wissenschaft bezeichnen, die den Staat und seine Regierungen so betrachtet wie die Medizin menschliche Körper: als etwas, das man von Krankheiten heilen und das man durch Maßnahmen der Gesundheitsförderung vor zukünftigem Verfall schützen könne.[28]

## 4. Der Aphorismus als sprachliche Fechtkunst und als Kompendium von Maximen

Die Philosophie des siebzehnten Jahrhunderts erlebte allerdings zunächst eine mächtige Renaissance des Systemgedankens, so schon in Gestalt des ehemaligen Sekretärs von Francis Bacon, des ersten großen Sozialphilosophen Thomas Hobbes, aber auch in den Theo-

---

27  K. Heinrich, *Versuch über die Schwierigkeit nein zu sagen*, 26 f.

28  Baltasar Alamos de Barrientos, *Tácito Español, ilustrado con aforismo*, Madrid 1614; Filippo Cavriani, *Discorsi sopra i primi cinque libri di C. Tacito*, Florenz 1597; Traiano Boccalini, *Ragguagli di Parnasso*, Venedig 1612/13; Amelot de la Houssaie, *La Morale de Tacite*, Paris 1686. Vgl. ausführlich Jürgen von Stackelberg, »Zur Bedeutungsgeschichte des Wortes Aphorismus«, in: *Zeitschrift für romanische Philologie* 75 (1959), 322-335.

riegebäuden von René Descartes, Baruch de Spinoza und Gottfried
Wilhelm Leibniz.

Doch parallel zu den großen Systementwürfen des siebzehnten
Jahrhunderts sammelten die Anti-Systematiker ihre Truppen. Schon
in dieser Zeit schrieben die ersten großen Aphoristiker: Baltasar
Gracián (1601-58),[29] Blaise Pascal (1623-62),[30] François de La Rochefoucauld (1613-80). Bei ihnen gelangt der Aphorismus als literarische Form nun auf das Feld der menschlichen Interaktion. Dies ist
vor allem die Leistung der Moralisten, deren Name bekanntlich weniger von Moral, also der Reflexion auf einzuhaltende Werte, als
von den »mores«, den »mœurs«, also den Sitten und Gebräuchen,
herkommt. La Rochefoucauld und seine Zeitgenossen verfeinerten
die Kunst der analysierenden Beschreibung zwischenmenschlichen
Verhaltens. Der Moralist will wissen, was die einzelnen Menschen
antreibt und wie ihr Zusammenspiel in der Gesellschaft funktioniert.
Dazu untersucht er vor allem die Affekte der Individuen und enttarnt
– geradezu gegen den deutschen Wortsinn – alle Tugenden nur als
verkappte Leidenschaften und Interessen. Am deutlichsten findet
sich das bei La Rochefoucauld:

> »Die Milde der Fürsten ist oft nichts als Politik, um die Zunei-
> gung des Volkes zu gewinnen. Diese Milde, aus der man eine
> Tugend gemacht hat, üben sie manchmal als Eitelkeit, zuwei-
> len aus Trägheit, oft aus Furcht und fast immer aus allen drei-
> en zusammen.«[31]
> »Der Eigennutz spricht jede Sprache und spielt jede Rolle,
> selbst die der Uneigennützigkeit.«[32]
> »Aufrichtigkeit ist Offenheit des Herzens. Man findet sie bei
> sehr wenig Menschen, und die man gewöhnlich sieht, ist nur
> feine Verstellung, um das Vertrauen anderer zu gewinnen.«[33]

---

29  Vgl. Baltasar Gracián, *Handorakel und Kunst der Weltklugheit*, Stuttgart 1986.
30  Vgl. Blaise Pascal, *Gedanken über die Religion und einige andere Themen*,
    Stuttgart 1997.
31  François de La Rochefoucauld, *Maximen und Reflexionen*, Stuttgart 1977,
    Nr. 15/16.
32  Ebd., Nr. 39.
33  Ebd., Nr. 62.

Enttarnung des Scheins, die Aufdeckung des Verborgenen wird dabei zum Hauptmotiv der Untersuchung; »Maske« und »Theater«
sind die Zentralbegriffe. Die Moralistik ist Demaskierungspsycholo-
gie. Auch das hat La Rochefoucauld schon als Maxime formuliert:

> »Man nimmt in jedem Stande eine Miene und Haltung an, um
> als der zu erscheinen, für den man gehalten sein will. So kann
> man sagen, die Welt bestehe aus lauter Masken.«[34]

Hinter den Masken lauern Habgier, Ruhmsucht und Eitelkeit. Was
man an anderen analysiert, untersucht man aber sorgfältig und pein-
lichst genau auch an sich selbst.

> »Wenn wir selbst keine Fehler hätten, würden wir sie nicht
> mit so großem Vergnügen an anderen entdecken.«[35]
> »Wenn wir keinen Stolz hätten, würden wir uns nicht über
> den Stolz anderer beklagen.«[36]
> »Nichts muß unsere Selbstgefälligkeit mehr vermindern als
> die Wahrnehmung, daß wir heute verwerfen, was wir gestern
> billigten.«[37]

Luc de Vauvenargues (1715-47), ein Nachfolger La Rochefoucaulds
im achtzehnten Jahrhundert bringt es dann auf den Punkt:

> »Wir entdecken in uns selbst, was die anderen uns verbergen,
> und erkennen in anderen, was wir vor uns selbst verbergen.«[38]

Die Bewusstheit der eigenen Antriebe wird gleichzeitig zum Mittel,
um nur noch besser zu verbergen, was der andere nun seinerseits an
mir zu observieren und zu analysieren versucht. So dreht sich die
Schraube von Beobachtung und Demaskierung, Selbstbeherrschung
und Verstellung immer weiter, oder wie es bei einem anderen Erben
La Rochefoucaulds, bei Nicolas Chamfort heißt:

> »In der heutigen Gesellschaft – ich spreche immer von der
> feinen Gesellschaft – scheint es mir unmöglich, daß irgend je-

---

34  Ebd., Nr. 256.
35  Ebd., Nr. 31.
36  Ebd., Nr. 34.
37  Ebd., Nr. 51.
38  L. de Vauvenargues, *Reflexionen und Maximen*, 115.

mand seine Seele, die verschiedenen einzelnen Züge seines Charakters und vor allem seiner Schwächen, selbst dem besten Freund offenbaren kann. Man muß in diesen Kreisen die Kunst der Verstellung übersteigern, damit sie als solche nicht mehr durchschaut wird. Wäre es auch nur, um von einer Truppe ausgezeichneter Komödianten, nicht als schlechter Schauspieler verachtet zu werden.«[39]

Hier erhält die alte Metapher, nach der die ganze Welt eine Bühne ist, eine neue, eine gesteigerte Bedeutung: Jeder ist Schauspieler und Zuschauer zugleich, jeder ist sich dessen bewusst – und jeder ist sich auch klar darüber, dass jeder andere sich dessen bewusst ist. Und diese praktizierte Psychologie bei Hofe ist sublimierter Krieg. Hier zeigen sich die Waffen eines Standes, der in der Schlacht geschult worden ist, seine dort erworbenen Fähigkeit aber nicht länger nutzen kann.

Das siebzehnte und achtzehnte Jahrhundert war in Frankreich geprägt von den Kämpfen des Königtums um die Vorherrschaft, eine Hegemonie, die es schließlich auch errang, indem es sich wechselweise mit einer der beiden großen gesellschaftlichen Kräfte, dem Adel oder dem aufstrebenden Bürgertum, gegen die jeweils andere verbündete und beide solchermaßen in der Balance hielt, dass sie sich gegenseitig paralysierten. Der alte Adel war militärisch längst durch die neue Waffentechnik um seine zentrale Aufgabe gebracht; seine alten Waffentugenden waren für den obersten Kriegsherren nicht mehr notwendig. Zudem war er ökonomisch verarmt und traf auf ein aufstrebendes Bürgertum, das ihn sozial bedrängte, zunächst aber noch seine Werte und Ideale übernahm.

So wurde die Gunst des Königs gleichbedeutend war mit dem sozialen und materiellen Überleben. Letztlich war nicht der pralle Geldbeutel, sondern die bessere Beziehung (am besten gleich zur Mätresse des Königs) von Bedeutung; die Intrige blühte und mit ihr die Notwendigkeit der Selbstbeherrschung und die Maskierung der

---

39  Nicolas Chamfort, *Maximen und Gedanken. Charaktere und Anekdoten*, in: *Die französischen Moralisten*, Bd. 1, a.a.O., 289; vgl auch ders., *Früchte der vollendeten Zivilisation. Maximen, Gedanken, Charakterzüge*, franz.-dt., Stuttgart 1977.

Leidenschaften. Menschenkenntnis, Charakterschilderungen und die Demaskierung der Gegner, wie sie die Moralistik entwickelte, war die beste Waffe bei Hof. Und diese Waffe nahm die Gestalt des Aphorismus an.

Der Adel ist domestiziert worden, ohne dass er seine alten Verhaltensweisen völlig aufgegeben hätte. Stattdessen bestehen sie als transformierte fort. Was auf dem realen Schlachtfeld längst so obsolet geworden ist wie der Schwertadel selbst, der Zweikampf, wird gerettet, indem man ihn auf das höfische Parkett transformiert. Der Krieg findet nun im Saale statt. Die Waffen, die man führt, sind geistige und sprachliche. Sie heißen Aphorismus, Witz und *esprit*, und sie müssen sich im unblutigen Florettkampf der Salonkonversation bewähren.

Alle Eigenschaften, die beim Fechten benötigt werden, haften noch dem Aphorismus an. Er muss kurz, bündig und prägnant sein, um in die Gesprächslücken vorzustoßen, Aufmerksamkeit zu erregen, die anderen buchstäblich auszustechen. Er muss wendig sein und fähig, spontan das treffende Wort parat zu haben. Seine analytische Kraft trennt und zerlegt den Gegenstand seiner Attacken – da kommt auch seine ursprüngliche Wortbedeutung wieder ins Spiel.

Die große Anstrengung, die solche Künstlichkeit, Bewusstheit und Berechnung produziert, darf allerdings nicht zu bemerken sein. Das gesellschaftliche Ideal des »honnête homme« musste bewahrt bleiben: Er hatte kunstvolle Geselligkeit und gebildete Konversation mit müheloser und unaffektierter Anmut zu repräsentieren, und zwar ohne Pedanterie und trockene Fachgelehrsamkeit. Mühe und Anstrengung durften sich nicht zeigen. Es war das Verhalten derjenigen, die nicht selbst arbeiteten, keiner Erwerbstätigkeit nachgingen; sie drückte sich in einem bestimmten Habitus aus, der als Distinktionsmittel fungiert: in der Feinheit der Sitten, in der Leichtigkeit der Konversation, im *esprit*, im Witz, kurz: in einem Gestus, den man nicht kaufen, sich auch nicht aneignen konnte, ein Gestus, der sich nur in einem ganz bestimmten gesellschaftlichen Verkehr, dem man von Kindesbeinen an ausgesetzt sein muss, bildet. Diesem Ideal von Leichtigkeit, Witz, *esprit*, hatte auch der Aphorismus zu entsprechen. Chamfort schreibt ausdrücklich:

»Der Witz muß über alle Verkehrtheiten des einzelnen Richter sein. Er schützt davor, daß man sich kompromittiert. Er
hilft uns, den Dingen ihren Platz anzuweisen, ohne daß wir
den unseren dazu verlassen müßten. Er bestätigt unsere Überlegenheit über die Dinge und über die Menschen, die wir ver-
spotten und die kein Ärgernis daran nehmen dürfen, wenn
ihnen nicht Heiterkeit oder Haltung abgeht. Der Ruf, die Waffe des Spottes gut führen zu können, verschafft auch dem ge-
ringen Mann in der Welt und in der guten Gesellschaft das
Ansehen, das beim Militär die guten Fechter genießen. Einen
geistreichen Mann hörte ich einmal sagen: ›Entzieht dem
Witz sein Recht, und ich komme morgen in keine Gesellschaft mehr.‹ Es ist eine Art unblutigen Zweikampfes; wie der
Zweikampf selbst, macht er den Menschen maßvoller und ge-
sitteter.«[40]

Auch wenn sich im Laufe des achtzehnten Jahrhunderts der Treff-
punkt der Gesellschaft vom Versailler Hof mehr in die Pariser Sa-
lons verlagert, so bleibt doch die Atmosphäre im Wesentlichen erhalten, ebenso wie die gesellschaftlichen Kräfteverhältnisse, die sie
bedingen. Alle großen Moralisten haben diese Erziehung durchlau-
fen. Die literarische Form des Aphorismus, wie er in dieser Phase
erscheint, ist also aus dieser Atmosphäre heraus zu verstehen. In
dem Sinne ist er auch erst einmal nicht antisystematisch, sondern
nur jenseits des Systems. Denn seiner Zwitterstellung aus wissenschaftlicher Beschreibung und kämpferischem Instrument würde
keine Form des Systems entsprechen können. Systeme befinden sich
schlicht nicht im Horizont dieser Situation.
  Werden die Aphorismen dann aber gesammelt und publiziert, erleben sie auch eine bestimmte Form der Verfestigung und Verallgemeinerung. In dieser Gestalt beginnt die wissenschaftliche Beschreibung zu überwiegen.
  So findet sich bei Vauvenargues zum Beispiel unter anderem
folgende Reihe mit Sentenzen von nahezu definitorischer Kürze:

»Die Grundsätze der Menschen verraten ihr Herz.«
»Halbheit wechselt stets ihre Grundsätze«

---

40  N. Chamfort, *Maximen und Gedanken*, 297.

»Oberflächlichkeit neigt zur Gefälligkeit.«
»Lügenhaftigkeit ist niedrige Ruhmsucht.«
»Wenige Maximen sind wahr in jeder Hinsicht.«
»Man sagt wenig Gründliches, wenn man stets nach Originalität strebt.«[41]

Diese Form wird aber auch Gegenstand moralistischer Selbstkritik. Nicolas Chamfort, der am Endpunkt dieser Entwicklung steht, macht genau das seinen erfolgreichen Vorgängern zum Vorwurf. Sie hätten, so bemerkt er, ihre Maximen zu sehr verallgemeinert und erweitert[42] und darin seien sie mit den Philosophen zu vergleichen, die Systeme der Physik und Metaphysik entworfen haben. In der Tat spricht nichts dagegen zu behaupten, auch die frühen Moralisten seien letztlich auf dem »Wege zum System« gewesen, auf dem der Aphorismus nur ein vorläufiges und noch unentwickeltes Stadium ist. Zumindest hätten sie gegen eine einheitliche Psychologie unter Umständen nichts einzuwenden gehabt.

# 5. Einstürzende Weltbauten. Aphorismus als Systemkritik

Nicolas Chamfort (1741-94) und das schmale Werk, das er hinterlassen hat, stehen am Wendepunkt zur modernen Form des Aphorismus. Seine Sentenzen bilden ein Amalgam aus moralistischer Methode, aufklärerischer Gesellschaftskritik und rousseauistischer Weltflucht. Diese Schichten lassen sich aber nicht umstandslos harmonisieren. So wird ihm der Widerspruch endgültig zur Methode.

Der unsystematische Charakter seiner Aphorismensammlung ist dem Anspruch nach direkt antisystematisch, eine wirkliche Zurückweisung jedweder Art von versöhnendem Einheitsdenken. Das System, gegen das er sich dann wendet, ist das gesellschaftliche. Schon die Aufklärung kennt diese Art der Systemkritik. Der Prototyp dafür findet sich bei Voltaire. Der Held seiner Erzählung »Candide« wird von Pangloß, seinem Lehrer, im Leibniz'schen Sinne erzogen. An

41  L. de Vauvenargues, *Reflexionen und Maximen*, 115.
42  N. Chamfort, *Maximen und Gedanken*, a.a.O., 304.

dessen These, die Welt, so wie sie ist, sei die beste aller möglichen
Welten, prüft Candide die Erlebnisse, die ihm widerfahren. Da er
aber von einem Unglück ins andere gerät – er wird verprügelt, zum
Kriegsdienst gezwungen, von der Inquisition gefoltert, erleidet
Sturm, Schiffbruch und wird schließlich während des Erdbebens von
Lissabon verletzt –, hat er einige Mühe, was ihm zustößt, system-
konform umzudeuten. In den einstürzenden Bauwerken von Lissa-
bon nimmt auch die rationalistische Theoriearchitektur Schaden.
Ihre Ruinen werden aber nicht demontiert, hier wird nicht argumen-
tativ widerlegt, der Beweis des Gegenteils wird vielmehr »durch das
Absurde« geführt.[43] Leibniz' These zerstört sich für den Leser
selbst, indem sie durch ihre Lächerlichkeit getötet wird.

Vernichten durch Lächerlichkeit – genau die Methode der Moralisten wie La Rochefoucauld, Montesquieu und Vauvenargues, und
ebenso auch die Chamforts. Und alle seine Angriffe gegen Adel,
Klerus und König sind Attacken gegen das gesellschaftliche System
des französischen Absolutismus. »Die folgende Anekdote ist Tatsache.« schreibt Chamfort zum Beispiel. »Die Tochter des Königs be-
trachtete einmal die Hand einer ihrer Kinderzofen, zählte die Finger
und sagte erstaunt: ›Wie? Sie haben auch fünf Finger, ganz wie ich?‹
Und dann zählte sie noch einmal.«[44]

Gleichwohl ist mit dem Antisystematischen des Aphorismus
etwas Radikaleres gemeint. Die aufklärerische Systemkritik hatte
einen festen Standpunkt, von dem aus sie die gesellschaftlichen Verhältnisse ihrer Zeit bekämpfte; sie ging von einem Vernunftbegriff
aus, dessen sie sich sicher war und der ihr den Punkt bereit stellte,
von dem aus sie die Welt aus den Angeln heben konnte. Und sie kri-
tisiert eine bestimmte Gesellschaft, nicht die Gesellschaft an sich.

Wenn der Aphorismus dagegen als Kritik des Systems auftritt,
meint er kein bestimmtes, das von einem besseren klar zu unterscheiden wäre: Er formuliert vielmehr das Misstrauen gegen jede
Art gesellschaftlichen Zusammenhangs – ein Misstrauen, das sich in
der Tat bei Chamfort finden lässt und das sich in seiner Auseinandersetzung mit Rousseau herausbildet.

---

43  Bernhard Groethuysen, *Philosophie der Französischen Revolution*, Neuwied,
    Berlin 1971, 62 ff.
44  N. Chamfort, *Maximen und Gedanken*, 338.

Auch Rousseau war auf seine Art eine Reaktion auf die höfische Gesellschaft. Der Naturzustand ist geradezu als Zustand ohne Masken charakterisiert. Ein jeder erkennt die Interessen des anderen ohne Verstellung. Dieses Goldene Zeitalter ist zwar nicht zuletzt durch den Fortschritt der Wissenschaften unwiederbringlich verloren, dennoch kann die Natur auch in der entwickelten Gesellschaft Orientierungsinstanz eines glücklichen und tugendhaften Lebens bleiben.

Chamfort folgt seinem Lehrer Rousseau in der positiven Beurteilung des Naturzustands, wenn er schreibt:

> »Man hat sich lustig gemacht über die Leute, die mit Begeisterung den Naturzustand gegen den Gesellschaftszustand ausgespielt haben. Doch möchte ich wissen, was man mir auf folgende drei Einwände erwidern würde: Es gibt kein Beispiel dafür, daß erstens ein Wilder wahnsinnig geworden oder zweitens Selbstmord begangen oder drittens sich mit dem gesellschaftlichen Leben befreundet hätte. Hingegen sind viele Europäer, die am Kap, in Nord- und Südamerika unter den Wilden gelebt hatten, aus ihrer Heimat wieder in die Wälder zurückgekehrt. Man erwidere mir ohne Ausflüchte und Sophismen.«[45]

Doch gleichzeitig finden sich bei ihm Passagen, die den Naturzustand keineswegs als Idylle bezeichnen; er unterscheidet sich nur graduell, nicht im Wesentlichen von dem der Gesellschaft:

> »Das Menschengeschlecht, von Natur aus schlecht, ist durch die Gesellschaft noch schlechter geworden.«[46]

Die Geschichte ist dann auch eine ununterbrochener Tyrannei:

> »Fast die ganze Geschichte ist nur eine Folge von Schrecken. [...] In der Tat – man hat nichts, um die Völker zu trösten, als sie zu lehren, daß ihre Vorfahren so unglücklich waren wie sie oder sogar noch unglücklicher.«[47]

---

45  Ebd., 327.
46  Ebd., 306.
47  Ebd., 328.

Ähnlich pessimistisch beurteilt Chamfort die menschlichen Vermögen. Er lobt die Vernunft, weil sie unsere Leidenschaften bekämpft:

> »Die beste der Gaben der Natur ist jene Kraft der Vernunft, die uns über unsere eigenen Leidenschaften und Schwächen erhebt, und auch unsere Vorzüge, Talente und Tugenden in unsere Macht gibt.«[48]

Er preist aber andererseits die Leidenschaften, weil sie die Schäden, die die Vernunft den Menschen zugefügt hat, kompensiere:

> »Die Natur hat Vernunft und Leidenschaften zugleich erschaffen. Durch das zweite Geschenk wollte sie wohl dem Menschen hinweghelfen über das Böse, das sie ihm mit dem ersten zufügte, und wenn sie ihn den Verlust der Leidenschaften nur wenige Jahre überleben ließ, geschah es offenbar aus Mitleid, um den Menschen von einem Leben zu befreien, dem nichts geblieben wäre als die Vernunft.«[49]

Einerseits bezeichnet er die Leidenschaften als das, was das Leben eigentlich erst lebenswert macht: »Durch die Leidenschaft lebt der Mensch, durch die Vernunft existiert er bloß«[50], andererseits verteidigt er die Bedürfnislosigkeit, die uns von der Tyrannei der Affekte befreie.[51] Diese unterschiedlichen Strebungen vermischen sich bei ihm zu einer Definition des Philosophen:

> »Was ist ein Philosoph? Ein Mensch, der dem Gesetz die Natur, dem Brauch die Vernunft, sein Gewissen der öffentlichen Meinung und sein Urteil dem Irrtum gegenüberstellt.«[52]

Und dennoch spricht hier keiner, der heute schon vergessen hätte, wovon er gestern noch fest überzeugt gewesen ist, der seine Meinung wechselt wie das berühmte Hemd, keiner, dem schlicht die Einheit der Person fehlte. In seiner Zerrissenheit liegt Methode. Natur und Vernunft markieren zwei Prinzipien, die sich gegenseitig

---

48   Ebd., 272.
49   Ebd., 272.
50   Ebd., 278.
51   Ebd., 300.
52   Ebd., 270.

kritisieren und kompensieren. Von keinem der beiden kann eine bedingungslose Heilserwartung ausgehen.

> »Das Elend des Menschen liegt darin, daß er in der Gesellschaft Trost suchen muß gegen die Leiden, die die Natur ihm zufügt, und in der Natur Trost gegen die Leiden der Gesellschaft. Wie viele haben weder hier noch dort eine Erleichterung ihrer Schmerzen gefunden.«[53]

Dem Philosophen bleibt nichts, als sich in die Einsamkeit zu retten,[54] ist ihm dies nicht möglich, hat die Natur für ihn gesorgt, indem sie ihn mit Illusionen ausstattet, die die bittere Wahrheit verdecken.[55]

Letztlich aber korrigieren sich Natur und Gesellschaft dann doch nicht; im Gegenteil: Sie bestärken sich gegenseitig:

> »Die physischen Geißeln und Drangsale der menschlichen Natur haben die Gesellschaft notwendig gemacht. Die Gesellschaft hat die Leiden der Natur noch gesteigert. Die Nachteile der Gesellschaft haben die Regierung notwendig gemacht, und die Regierung steigert noch die Leiden der Gesellschaft. Das ist die Geschichte der menschlichen Natur.«[56]

Anders formuliert: Indem sie sich aus ihrer Naturverfangenheit herausarbeiten will, gerät die Menschheit nur immer tiefer in den Naturzwang hinein. In der Tat hat die Aufklärung nicht nur ihre eigene Dialektik, sondern auch in Ansätzen schon selbst ein Bewusstsein darüber, zumindest in der Person Chamforts. Und so klingen manche seiner Maximen ungeheuer modern, erinnern manche von ihnen verblüffend an Wendungen aus Max Horkheimers und Theodor W. Adornos *Dialektik der Aufklärung*. Eben jene tragische Geschichtsphilosophie, eben jenes ambivalente Verhältnis zur Natur ist in den *Früchten der vollendeten Zivilisation* – so wollte Chamfort seine Aphorismensammlung ursprünglich selbst nennen – vorgebildet.

---

53  Ebd., 275.
54  Ebd., 379.
55  Ebd., 273.
56  Ebd., 272.

Da wundert es auch nicht, dass die Konzeption des Aphorismus als philosophischer Form im Umkreis Adornos entstanden ist. Schon im Vorwort zu seiner eigenen Aphorismensammlung *Minima Moralia* interpretiert Adorno in Opposition zu Hegel sein Unternehmen als ein Aufbegehren gegen den Totalitätsanspruch des Systems.[57]

Ein Schüler Adornos, Heinz Krüger, hat diesen Anspruch auszuarbeiten und auf die Gattung überhaupt auszudehnen versucht. In *Über den Aphorismus als philosophische Form* lässt er die Geschichte dieser literarischen Spezies auf seine Weise Revue passieren, um zu zeigen, dass sie den Satz vom auszuschließenden Widerspruch ablehne. Der Aphorismus lässt den Widerspruch nicht nur zu, sondern setzt ihn geradezu bewusst ein. Damit ist er im starken Sinne Einspruch gegen das System oder, wie Krüger auch schreibt, »geschrumpfte, modellhafte Dialektik«.[58] Das System, das hier wie schon bei Chamfort gemeint wird, ist sowohl das gesellschaftliche als auch das theoretische: Beides geht ineinander über, wie schon bei den Welt- und Theoriebauten der frühen Neuzeit.

Ein anderer Adorno-Schüler, Jürgen Habermas, hat in einem frühen Artikel über die *Minima Moralia* bzw. ihren Autor geschrieben: »Sein Hauptwerk ist eine Sammlung von Aphorismen. Sie darf getrost, als sei sie eine Summe, studiert werden.«[59] – mit der Pointe, dass er zuvor auf Adornos Abneigung gegen Hauptwerke hingewiesen hat. Auch Habermas erinnert in seiner Würdigung an Adornos Opposition gegen »die starre Logik des deduktiven Zusammenhangs« und seine Forderung, »dass in einem philosophischen Text alle Sätze gleich nahe zum Mittelpunkt stehen sollen«.

Damit kommt noch einmal ein neues Verständnis des Aphorismus und seines Verhältnis zum Kontext ins Spiel. In jedem Aphorismus ist dann monadenmäßig das Gesamte enthalten. Oder wie Habermas es später formulierte: »[...] in jedem der geschliffenen Frag-

---

57  Theodor W. Adorno, *Minima Moralia*, in: ders., *Gesammelte Schriften*, Bd. 4, Frankfurt/M. 2003, 14 f.

58  Heinz Krüger, *Über den Aphorismus als philosophische Form*, 24.

59  Jürgen Habermas, »Ein philosophierender Intellektueller. Zum 60. Geburtstag von Theodor W. Adorno«, in: *Frankfurter Allgemeine Zeitung*, 11.09.1963, jetzt in: ders., *Philosophisch-politische Profile*, erw. Ausgabe, Frankfurt/M. 1987, 162.

mente [kommt] das Ganze der Theorie zum Vorschein.«[60] So etwa in jenen Sätzen Adornos, die inzwischen selbst schon wieder den Charakter Geflügelter Worte angenommen haben:

>An der Psychoanalyse ist nichts wahr als ihre Übertreibungen.«

»Das Ganze ist das Unwahre.«

»Geliebt wirst du einzig, wo du schwach dich zeigen darfst, ohne Stärke zu provozieren.«[61]

Gerade diesen Charakterzug von Adornos Fragmenten hat man nun als Einwand benutzt, um ihnen den Aphorismencharakter ganz abzusprechen. Der Vorwurf, es handele sich gar nicht um literarische Aphorismen, sondern um eine »kunstsprachliche philosophische Formel«, »eine extreme terminologische (!) Abbreviatur«,[62] hält natürlich nur Stand, wenn man zuvor ein künstlich eingeengtes Verständnis des Aphorismus unterstellt, ein Verständnis, wonach er unter anderem eine Form sei, die dem Leser etwas »zur freien gedanklichen Verfügung im Sinne poetischer ›ambiguity‹ überlassen« müsse. Gerade vor dem Hintergrund der historischen Vielfalt des Genres erweist sich solch eine Forderung aber nur als bloße Willkür.

Aber noch ein anderer Charakterzug des modernen Aphorismus zeigt sich schon an Adorno. Seine antisystematische Haltung geht aufs Ganze. Noch deutlicher erscheint solch eine grundsätzliche Abkehr in den Sentenzen Émile M. Ciorans (1911-1995).

»Jede Tat ist als Tat nur möglich, weil wir mit dem Paradies gebrochen haben, dessen Erinnerung, die unsere Stunden vergiftet, aus jedem von uns einen demoralisierten Engel macht.«

»Man hat nur dann das Gefühl, wer zu sein, wenn man irgendeine Missetat ausheckt.«

»Nichts gibt ein besseres Gewissen als mit einem *klaren Bewusstsein* einer seiner Fehler einzuschlafen, den man sich bis

60 Jürgen Habermas, »Philosophie und Wissenschaft als Literatur?«, in: ders., *Nachmetaphysisches Denken*, Frankfurt/M. 1988, 244.
61 T.W. Adorno, *Minima Moralia*, 55 u. 218.
62 Harald Fricke, »Kann man poetisch philosophieren?«, 34. Das Ausrufungszeichen stammt von Fricke selbst.

dahin nicht einzugestehen wagte, den man sogar nicht kannte.«[63]

Nicht umsonst heißt der Band, in dem diese Sentenzen stehen, *Die
verfehlte Schöpfung.* Seine Fragmente und Sentenzen entfalten eine
ontologische Totalkritik. Und mehr und mehr zersetzt sich dann im
Laufe dieser Sammlung nicht nur der Fluss der Argumentation, sondern auch die Sprache selbst. Der Satz löst sich auf und hinterlässt
nur noch grammatikalische Fragmente:

> »Das Laster des Skrupels haben, ein Automat der Gewissens-
> bisse sein.«
> »Grauenerregendes Glück. Adern, in denen sich Tausende von
> Planeten ausdehnen.«
> »Der von Klarsicht zerschlagene Geist.«[64]

Die Opposition schlägt um in Verzweifelung.

# 6. Literarische Form und anschauliches Denken

Wenn es zutrifft, dass in jedem der Fragmente aus den *Minima Moralia* Adornos Philosophie als Ganze verdichtet ist, dann wird in
ihnen das Denken noch einmal auf eine besondere Weise anschaulich.

Inwiefern kann man überhaupt von anschaulichem Denken reden, sofern man nicht einfach meint, eine Theorie sei mit Bildern illustriert wie im *dtv-Atlas zur Philosophie* oder sie sei im übertragen
Sinne besonders lebendig vorgetragen, indem sie etwa durch eine
Vielzahl von Beispielen erläutert wird? Der Grundgedanke, der in
der Frage nach literarischen Formen eines philosophischen Textes
zum Ausdruck kommt, ist, ob sich in der Form, wie etwas dargestellt wird, mehr zeigt, als mit den reinen Aussagen vermittelt werden könnte. Insofern zeigt sich in der Geschichte des Aphorismus
schon, dass die Form durchaus eine Bedeutung zukommt, die über
den reinen Inhalt des Gesagten hinausgeht. Ohne dass es ausdrück-

---

63  Émile M. Cioran, *Die verfehlte Schöpfung*, Frankfurt/M. 1969, 114, 117.
64  Ebd., 90 f.

lich benannt werden muss, demonstrieren die Bacon'schen Aphorismen die Haltung ihres Autors dem in ihnen enthaltenen Thesen gegenüber. In ihnen werden Denkprozesse, Verfahrensweisen und Geltungsansprüche mit anschaulich.

In der Geschichte des philosophischen Aphorismus zeigt sich aber auch, dass Form und Inhalt sich nicht gegenseitig determinieren. Literarische Formen geben einen Spielraum vor, innerhalb dessen sich bestimmte philosophische Formen entfalten können. »Spielraum« bedeutet, dass einige Formen sicherlich für bestimmte philosophische Unternehmen ausgeschlossen sind – so ist kaum denkbar, dass Kants Anspruch an eine *Kritik der reinen Vernunft* in Sentenzen oder Essays ihren Ausdruck finden könnten –, dass sich aber durchaus unterschiedliche Zwecke durch den Aphorismus verwirklichen lassen können: Die Aphorismen von Bacon, La Rochefoucauld oder Adorno sind sicherlich von ganz unterschiedlicher philosophischer Intention; und dennoch erweist ihr Entstehungszusammenhang, dass eine künstliche definitorische Isolierung sich ihr Verständnis zu einfach machen würde.

Vor diesem Hintergrund kann man selbst mit dem Aphorismus natürlich unterschiedlich verfahren. Man kann ihn, gerade für eine bestimmte schulische Aufgabe, aus seinem ursprünglichen Kontext isolieren und zum Anlass eigenen Philosophierens nehmen.[65] Nicht anders sind ja die frühen Essayisten mit ihren Zitaten umgegangen. Michel de Montaignes Essays sind gute Beispiele für solch ein am Aphorismus ansetzendes freies Gedankenspiel. Beim System muss man den Argumentationszusammenhang zwingend nachvollziehen. Aphorismen kann man aber als Textfragmente lesen, die eine freie Anknüpfung zulassen, die oft mehrdeutig sind und in ihrer Widersprüchlichkeit ein hohes Maß an Interpretationsmöglichkeiten lassen.

---

65  Dazu Christa Runtenberg, »Essay und Aphorismen. Reflexionen von Theodor W. Adorno im Philosophieunterricht«, in: *Zeitschrift für Didaktik der Philosophie und Ethik* 26, Heft 2 (2004), 102-107. Vgl. aber auch schon Joachim Detjen, »Aphorismen im Philosophieunterricht«, in: *Zeitschrift für Didaktik der Philosophie* 12, Heft 1 (1990), 33-40.

Man kann aber auch neue Spannungsfelder schaffen, indem man Aphorismen unterschiedlicher Art nebeneinander stellt, Sätze zu einem Thema, aber von unterschiedlichen Autoren, z.B. zum Neid:

> »Unser Neid dauert stets länger als das Glück derer, die wir beneiden.« (La Rochefoucauld)
>
> »Der Neid kann sich nicht verbergen. Er klagt an und verurteilt, ohne Beweise zu haben; er übertreibt die Fehler, er hat maßlose Namen für die geringsten Irrtümer, und seine Sprache ist voll Bitterkeit, Übertreibung und Mißgunst. Mit unerbittlichem Haß und rasender Wut stürzt er sich auf jedes wirkliche Verdienst; er ist blind, jähzornig, gefühllos, brutal.« (Vauvernargues)
>
> »Mir ist weniger am Lob der Leute gelegen, ihr Neid wäre das einzige, was mich noch freuen würde.« (Lichtenberg)
>
> »Bewunderung ist glückliche Selbstverlorenheit, Neid unglückliche Selbstbehauptung.« (Søren Kierkegaard)
>
> »In der vergoldeten Schale des Mitleids steckt mitunter der Dolch des Neides.« (Nietzsche)
>
> »Der Automechaniker, das Mädchen im Likörladen hat es leicht, von Unverschämtheit frei zu bleiben: zur Freundlichkeit wird es ohnehin von oben angehalten. Wenn umgekehrt Analphabeten zu Intellektuellen kommen, um sich von ihnen Briefe aufsetzen zu lassen, so mögen auch jene leidlich gute Erfahrungen machen. Sobald aber die einfachen Leute um ihren Anteil am Sozialprodukt sich raufen müssen, übertreffen sie an Neid und Gehässigkeit alles, was unter Literaten oder Kapellmeistern beobachtet werden kann. Die Glorifizierung der prächtigen underdogs läuft auf die des prächtigen Systems heraus, das sie dazu macht. Berechtigte Schuldgefühle derer, die von der physischen Arbeit ausgenommen sind, sollten nicht zur Ausrede werden für die ›Idiotie des Landlebens‹.« (Theoder W. Adorno)

Oder wie verhalten sich zum Beispiel diese Aphorismen zum Verschwinden des Ich zueinander:

> »Ich habe es satt, ich zu sein, und dennoch bete ich unablässig zu den Göttern, mich mir selbst zurückzugeben.« (Cioran)

»Im British Museum erinnere ich mich angesichts der Mumie einer Sängerin, deren kleine Nägel aus den Bändern hervorragen, dass ich mir geschworen habe, niemals mehr *Ich* zu sagen [...]« (Cioran)
»Bei vielen Menschen ist es bereits eine Unverschämtheit, wenn sie Ich sagen.« (Adorno)

Man kann aber auch die hermeneutische Herausforderung aufnehmen, die in ihnen steckt, und ihre Verdichtungen zu entfalten versuchen. Hier kommt nun wieder Habermas' Diagnose ins Spiel, in Adornos Aphorismen werde das Ganze seiner Philosophie anschaulich. Diese Ganze in einzelnen Fragmenten zu lesen, kann dann ein besonderer kriminalistischer Akt werden, ganz so wie man komplexe Gemälde auf die in ihnen enthaltenen Narrationen, Symbole und Bedeutungen hin entschlüsseln kann.

Habermas hat in seinem späteren Aufsatz »Philosophie und Wissenschaft als Literatur?«, in dem er wieder auf Adornos Aphorismen zu sprechen kommt, das Verhältnis von Anschaulichkeit und Denken allerdings noch einmal radikaler formuliert. Diese Anschaulichkeit erinnert an das dialektische Bild bei Walter Benjamin. Es sei dahingestellt, ob dieses Ideal erreichbar ist: »Adorno hat den schlagenden Aphorismus als die angemessenste Form der Darstellung betrachtet; der Aphorismus kann nämlich *als Form* Adornos heimliches Ideal der Erkenntnis zur Sprache bringen, einen platonischen Gedanken, der sich im Medium der begründenden Rede nicht, jedenfalls nicht widerspruchsfrei ausdrücken lässt: daß Erkenntnis eigentlich das Gefängnis diskursiven Denkens sprengen und in reiner Anschauung terminieren müsse.«[66]

---

66  J. Habermas, »Philosophie und Wissenschaft als Literatur?«, 262.

# Zu den Autoren

*Helmut Engels*, Studiendirektor i.R., geb. 1937, Studium der Philosophie und Germanistik in Köln. Bis 2003 Gymnasiallehrer und Fachleiter für Philosophie in Krefeld, Moderator und Fachberater für Philosophie bei der Bezirksregierung Düsseldorf. Mitverfasser der Richtlinien für das Fach Philosophie in Nordrhein-Westfalen (1981). Veröffentlichungen: Aufsätze zur Methodik und Didaktik des Philosophieunterrichts; Thematik: Umgang mit Begriffen, Textarbeit, Funktion von Beispielen, Bedeutung des Fragens, Problemorientierung, grafische Darstellung, Schreiben von Primärtexten, fiktionale Literatur, praktische Naturphilosophie, Kybernetik, Perspektivität, Bedeutung des Unbewussten, Sittlichkeit, Sprache, Philosophie als Lebensform u.a. Mitverfasser des Schulbuches *Sich orientieren 9/10* (2002). Verfasser des Buches *»Nehmen wir an ...«. Das Gedankenexperiment in didaktischer Absicht* (2004). Tätigkeitsfelder nach der Pensionierung: Lehrerfortbildung und Philosophieren mit Kindern.

*Christian Gefert*, geb. 1967; Studium der Philosophie, Geschichte und Erziehungswissenschaften; Promotionsstipendiat des Graduiertenkollegs *Ästhetische Bildung* der Universität Hamburg; Regietätigkeit in unterschiedlichen Theaterprojekten; Lehrtätigkeit in schulischen und außerschulischen Bildungsprozessen mit Kindern, Jugendlichen und Erwachsenen; Entwicklung und Erprobung des *theatralen Philosophierens* im Rahmen philosophiedidaktischer Forschung; Dissertation zu einer *Didaktik theatralen Philosophierens* (2002).

*Thomas Rentsch*, geb. 1954, Studium der Philosophie, der Literaturwissenschaften (Germanistik und Romanistik) und der Evangelischen Theologie an den Universitäten Konstanz, Münster, Zürich und Tübingen; Promotion Konstanz 1982 (*Heidegger und Wittgen-*

*stein*, 1985, [2]2003); Hochschulassistent bei Friedrich Kambartel; Habilitation Konstanz 1988 (*Die Konstitution der Moralität*, 1990, [2]1999), Heisenbergstipendiat der *DFG*. Nach Lehrtätigkeit an den Universitäten Konstanz, Halle und der Freien Universität Berlin seit 1992 ordentlicher Professor für Philosophie mit Schwerpunkt Praktische Philosophie/Ethik an der Technischen Universität Dresden; Mitherausgeber des *Historischen Wörterbuchs der Philosophie*, der *Wittgenstein-Studien* und der *Dresdner Hefte für Philosophie*; weitere Publikationen: *Martin Heidegger – Das Sein und der Tod* (1989); *Negativität und praktische Vernunft* (2000), *Gott* (2005).

*Renate Schröder-Werle*; Studiendirektorin; Studium der Philosophie, Literatur- und Sprachwissenschaft und Geschichte an der Universität zu Köln; *wissenschaftliche Mitarbeiterin* an der *Universität des Saarlandes* und an der Technischen Universität Berlin; als Vorstandsmitglied (seit 1976) der *Internationalen Robert-Musil- Gesellschaft* Organisation mehrerer Kongresse und Symposien; von 1976 bis 2001 Mitherausgeberin der Zeitschrift *Musil-Forum*; Gymnasial-Lehrerin in Berlin (hier Zusatzausbildung »Darstellendes Spiel«, Film, Mitarbeit am Aufbau des Faches Philosophie als Schulfach in der Sekundarstufe II im Bezirk Reinickendorf und Etablierung des Faches als Abiturfach an einem Gymnasium in Berlin, Fachberaterin für Philosophie beim Schulsenat) und Nordrhein-Westfalen (seit 1994 mit der Konzeption eines Ersatzfaches für Religionsabwähler am RGW befaßt, Einrichtung erster Kurse 1995 am RGW; dort 1997 Einrichtung des Faches »Praktische Philosophie« im Rahmen des Schulversuchs Nordrhein-Westfalen); seit 1996 *Fachleiterin* am Studienseminar Sekundarstufe II Bochum; seit 1999 *Lehraufträge* für Didaktik der Philosophie an der Universität Dortmund; Mitglied des *Forums für Didaktik der Philosophie;* 2000-2004 im Hochschuldienst, seit 2002 Mitglied des wissenschaftlichen Prüfungsamts der Universität Dortmund.

*Philipp Thomas*, geb. 1965; Studienrat; Studium der Philosophie, evangelischen und katholischen Theologie und Biologie; seit 1995 Gymnasiallehrer; 1996 Promotion bei Gernot Böhme an der Technischen Universität Darmstadt mit der Arbeit *Selbst-Natur-sein. Leibphänomenologie als Naturphilosophie (Husserl, Heidegger, Mer-*

*leau-Ponty, Schmitz)*; seit 1999 Habilitationsstipendiat der *DFG*; seit 2001 Assistent für Philosophie bei Franz-Josef Wetz an der Pädagogischen Hochschule Schwäbisch Gmünd; zahlreiche Veröffentlichungen zu naturphilosophischen, phänomenologischen und philosophiedidaktischen Themen sowie Herausgabe von und Mitarbeit an Unterrichtswerken für verschiedene Schulfächer; 2005 Habilitation bei Thomas Rentsch und Johannes Rohbeck an der Technischen Universität Dresden zum Thema »Negative Identität und Lebenspraxis (Theunissen, Ricœur, Taylor)«.

*Rüdiger Zill*, geb. 1958; studierte Philosophie, Geschichte und Soziologie an der Freien Universität Berlin und am Warburg Institute London; 1994 Promotion in Berlin mit der Arbeit *Meßkünstler und Rossebändiger. Zur Funktion von Modellen und Metaphern in philosophischen Affekttheorien*; 1994-1997 Mitarbeiter am Institut für Philosophie der Technischen Universität Dresden; seit 1997 Wissenschaftlicher Referent am Einstein Forum, Potsdam. Neuere Publikationen u.a.: *Hinter den Spiegeln. Zur Philosophie Richard Rortys*, (Mithg., 2001); zahlreiche Veröffentlichungen zur Geschichte der Philosophie, Kulturphilosophie und Ästhetik; Mitherausgeber der Reihe *Erbschaft unserer Zeit* in der edition suhrkamp.